日建学院
土地家屋調査士試験
関数電卓必勝活用術

日建学院 編著　齊木公一 監修

**最新モデル
CASIO/fx-JP900の
最低限の操作方法を
最短で習得する！**

調査士試験を有利に
攻略するために——

建築資料研究社

本書のコンセプト

　本書は，CASIO／fx-JP900の基本的な操作方法を身につけていただくこと，そして，土地家屋調査士試験（以下，「調査士試験」といいます。）に活用できる特殊なモードでの計算方法を紹介することを目的として作成しました。

　ただ，調査士試験において関数電卓の使用が義務付けられているわけではなく，当然，その操作能力の高低の見極めが試験科目とされているわけではありません。すなわち，関数電卓の操作能力に秀でているからといって合格に直結するわけではないのです。ここから，調査士試験の受験生が関数電卓の操作を修得するために多大な時間と労力を費やすことは効率的な受験対策と言い難く，本試験問題に解答するために必要となる**最低限の操作方法を最短で修得する**ことが効率的な受験対策となるわけです。

　では，ここでいう**「最低限の操作方法」**とは，どの程度のレベルのことを指すのかという疑問が浮かびます。その答えについては，受験生各人の考え方により異なる部分もあり，かねてから様々な意見が受験界に存在しているようです。初学者の方は，この様々な意見を耳にするたびに不安に駆られ，混乱したまま受験期間を過ごしていることも少なくないようです。

　この点，日建学院が考える**「最低限の操作方法」**とは，**"過去の本試験問題を解答するににあたり過不足がないレベル"**を指します。過去の本試験問題を一通り解答できるだけの操作スキルが身につけば，そのレベルでひとまず受験対策として足りていると考えてよいでしょう。そのレベルを超えるスキルの修得については，受験生各人がその要否を判断することで，各々に適した効率的な受験対策を実現できることになるわけです。

　そこで本書では，関数電卓操作スキルの修得過程を3つのステージに区分し，上記の効率的な受験対策を可能なものとしました。
　具体的には，
　STEP 1：基礎的操作の修得
　STEP 2：応用操作の修得
　STEP 3：特殊モードにおける操作の修得
　と区分しており，受験対策上のそれぞれの位置付けは，次のとおりに設定しています。

STEP 1は，過去の本試験問題の解答にあたり過不足がないレベルで，必ず修得しなければならない内容。
　STEP 2は，修得しなくてもよいが，修得しておくと試験対策として有利になる内容。
　STEP 3は，択一式など他の受験対策との兼ね合いにより，時間的・精神的に余裕があれば修得したい内容。
　以上のように，本書において修得が必須となるのはSTEP 1の内容のみとなります。STEP 1の内容さえしっかりと把握すれば，過去の本試験問題を過不足なく解答できるようになりますので，初学者の方はまずそこを目指すようにしてください。その後，必要に応じてSTEP 2あるいはSTEP 3の内容を修得していけばよいでしょう。

　関数電卓の操作方法の修得を開始するにあたって最も留意していただきたい点は，関数電卓の操作方法の修得を"**受験対策の中心には据えない**"ということです。先にも述べましたが，調査士試験において，関数電卓の使用は許可されているものの，義務付けられているわけではなく，試験科目でもありません。**どんなに高度な操作方法を修得していようとも，それは単に記述式問題に解答するためのひとつのツールにすぎず，合否判定の直接的要素とはなりません。**調査士試験に合格するためには，関数電卓の操作方法の修得よりも時間と労力をかけるべき事項がたくさんありますので，あまり固執することなく，バランスのよい効率的な受験対策を心掛けるようにしてください。

　なお，本書は関数電卓の操作方法の修得を目的としているため，数学知識や測量知識に関する説明は，電卓操作の説明において必要な限度で記述しています。あらかじめご理解いただいた上，本書を活用してください。

　本書を用いていただいた受験生の皆様が，効率的に関数電卓操作を修得し，一日も早く合格の栄冠を手に入れられますよう，心より祈念しております。

2016年9月

　　　　　　　　　　　　　　　　　　　　　　　　　　　　　　　　　日建学院

目 次

本書のコンセプト　iii
登場人物と電卓キーについて　vi

STEP 1　基礎的操作の修得
Lesson 1　fx-JP900の表示とキー操作の基本ルール　…………………… 2
Lesson 2　調査士試験向けの設定　……………………………………………… 7
Lesson 3　基本操作　……………………………………………………………… 17
Lesson 4　基礎演習　……………………………………………………………… 22
復習ドリル…………………………………………………………………………… 67
復習ドリル解答……………………………………………………………………… 76

STEP 2　応用操作の修得
Lesson 5　応用操作　……………………………………………………………… 94
Lesson 6　応用演習　……………………………………………………………… 114
復習ドリル…………………………………………………………………………… 139
復習ドリル解答……………………………………………………………………… 147

STEP 3　特殊モードにおける操作の修得
Lesson 7　特殊操作　……………………………………………………………… 162
復習ドリル…………………………………………………………………………… 194
復習ドリル解答……………………………………………………………………… 199

巻末資料
巻末資料1　過去問にチャレンジ………………………………………………… 210
巻末資料2　主要操作一覧………………………………………………………… 238

登場人物と電卓キーについて

■ キャラクター紹介

> 私がみなさんを
> 合格に導きます！
> 私についてきてください！！

サイキ 講師
日建学院土地家屋調査士講座の講師。
論理的思考力，的確な分析力に基づくその眼光は鋭いが，調査士試験に挑む受験生への愛情にあふれている。

> 関数電卓って奥が深いのね。
> おもしろそう！！

さとみ ちゃん
持ち前のポジティブ思考で難関資格である調査士試験に挑戦する受験生。
容姿端麗で明るいキャラ。優柔不断なよしゆきさんをひっぱる，優秀な受験生。

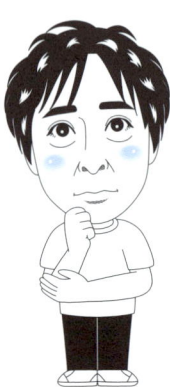

> 関数電卓って
> 難しそうだなぁ……
> 僕なんかにできるのかなぁ……

よしゆき さん
本職は編集者だが，四十路にして難関資格の調査士試験に挑戦することになった，できの悪い，残念な受験生。
心配性，不器用を絵に描いたようなキャラ。

vi

■ 電卓キーの表示

本書では，電卓キーについて，CASIO ／ fx-JP900 の実際のキーがイメージしやすいように，形状を実物と近い形で再現しています。

【表示例】

◆表示形式を「ライン表示」にする

SHIFT MENU SETUP [1][3]

◆ $\sin^{-1} 0.5 = 30$（逆三角関数を使った計算）

SHIFT sin 0.5 = 30

※計算式では，数字は「[0][・][5]」「[3][0]」という表記ではなく，「0.5」「30」と表記しています。

STEP 1
基礎的操作の修得

Lesson 1 fx-JP900 の表示と
キー操作の基本ルール

Lesson 2 調査士試験向けの設定

Lesson 3 基本操作

Lesson 4 基礎演習

復習ドリル

Lesson 1 fx-JP900の表示とキー操作の基本ルール

それでは，調査士試験のための関数電卓操作方法を一緒にマスターしていきましょう。

僕のような，まったくの素人でもマスターできるのでしょうか？数学も苦手だし，測量計算のこともまったく知らないし……。

だいじょうぶよー，よしゆきさん！ そのためのレッスンでしょ！最初からそんなことでどうするの？

そうですね，不安になる気持ちは分かります。でも，どのような方でも必ずマスターできますから，安心してついてきてください。

そうよ！ 絶対マスターできるわよ！最後まで一緒に頑張りましょうね！

…はい…じゃあ…やってみます……。

CASIO fx-JP900 の盤面表記文字の色と基本ルール

CASIO fx-JP900（以下，「本機」と言います。）の盤面には，白色・黄色・赤色・青色・紫色の文字が印字されています。

例

白色→「ON」,「MENU」
黄色→「SHIFT」,「OFF」等
赤色→「ALPHA」,「A」,「B」,「x」,「y」等
青色→「OCT」,「BIN」等
紫色→「i」

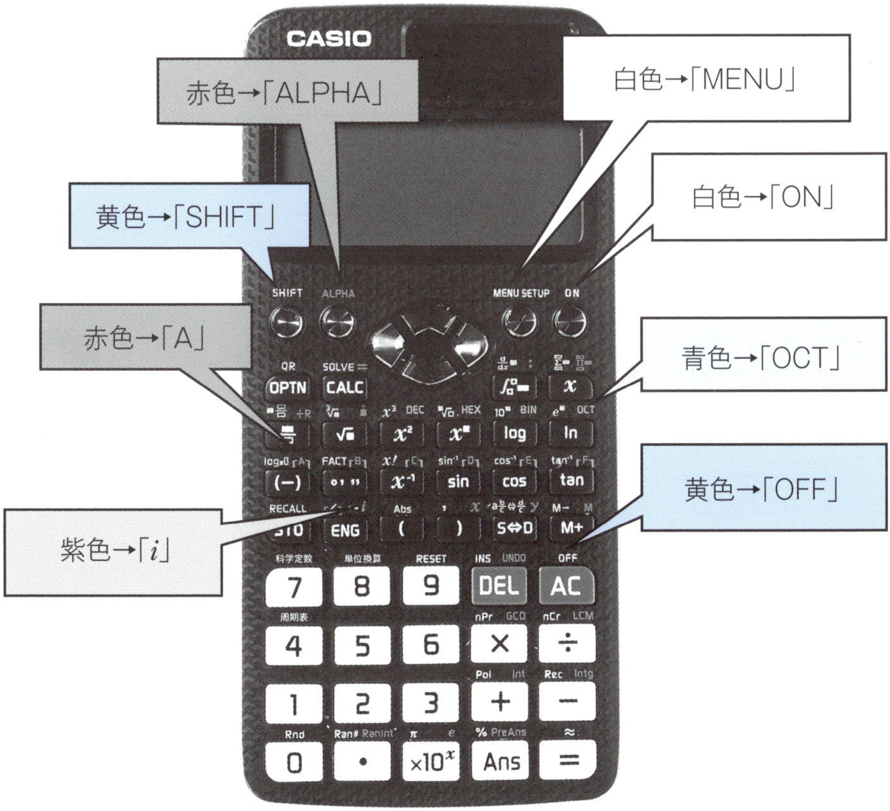

赤色→「ALPHA」
白色→「MENU」
白色→「ON」
黄色→「SHIFT」
赤色→「A」
青色→「OCT」
黄色→「OFF」
紫色→「i」

これらの色は，そのキーの割り当てを示しています。
白は，そのまま押せばそのキーの機能が入力されます。例えば，ONキー（●）

を押すと電源が入ります。

　一方，黄色で印字されたOFFキー（ AC と記載されたボタン）をそのまま押しても電源は切れません。このOFFキーを機能させるためには事前にSHIFTキー（●）を押す必要があります。したがって，電源を切るための操作は，● AC （OFF）と入力します。

　このように，黄色で印字されている機能は，全てSHIFTキー（●）に対応しているものであり，その機能を入力するためには事前にSHIFTキー（●）を押さなければなりません。

　また，赤色も同様に，赤色で印字されている機能は，全てALPHAキー（●）に対応しているものであり，その機能を入力するためには事前にALPHAキー（●）を押さなければなりません。

　なお，青色及び紫色については本書で触れることはありませんので，無視していただいて構いません。

どうやら，黄色のSHIFTキーと赤色のALPHAキーの使い方を理解することがポイントになりそうね。

よかったー。
青色や紫色まで覚えなければならないかと思ったよ……。

そうですね。黄色のSHIFTキーと赤色のALPHAキーの使い方をマスターすることはとても重要な事項になりますので，しっかり学習するようにしてください。

❷ SHIFTキーの入力とALPHAキーを入力した場合の画面表示

　SHIFTキー（●）を入力した場合，次の写真のようにＳの文字が白抜きで表示されます。この状態が，黄色の文字で割り当てられているキーの入力が有効になっている状態です。

Sの文字が白抜きで表示されているのね！

　ALPHAキー（ALPHA）を入力した場合，次のようにAの文字が白抜きで表示されます。この状態が，赤色の文字で割り当てられているキーの入力が有効になっている状態です。

Aの文字が白抜きで表示されているんだ……。

❸ 本書におけるキー表示について

本書におけるキー操作表示は，メーカー取扱説明書に準じて，キー表示どおりとしています。次に示す例示を確認しておいてください。

| 例示1 |：電源を入れる→ ●ON

| 例示2 |：電源を切る→ ●SHIFT AC ※ ●SHIFT OFFとは表示しない。

| 例示3 |：AメモリーとBメモリーを加算する（詳細後述）
→ ●ALPHA (−) ＋ ●ALPHA ●,'' ＝
※ ●ALPHA A ＋ ●ALPHA B ＝ とは表示しない。

そうか！●SHIFT を押したら盤面の黄色文字を，●ALPHA を押したら盤面の赤色文字を確認しながらキー操作をすればいいのね！

さとみちゃんって，理解が早いんだね………。

Lesson 2　調査士試験向けの設定

１　調査士試験向けのセットアップ

　本機購入時の状態では調査士試験に不向きですので，調査士試験向けにセットアップを行いましょう。
　なお，セットアップ前の画面表示は次の写真のとおりです。

このマーク がついていることを確認してください。

(1) 表示形式を「ライン表示」にする。
　(SETUP) １ ３

(2) 角度表示を「度数法（D）」にする。
　(SETUP) ２ １

(3) 表示桁数を「フル桁」にする。
　(SETUP) ３ ３ ２

(4) 設定をクリアして初期状態に戻す。
●̇ 9 (RESET) 3 = AC

これで先程行った (1) ～ (3) までの設定がクリアされ，購入時の状態に戻っています。再度，(1) ～ (3) の設定を行ってください。

すみません……。
展開が早すぎて，ついていけないのですが……。

わかりました。では，再度 (1) から (4) までの手順を細かく分解して説明しますね。

(1) 表示形式を「ライン表示」にする。 ●̇ ●̇ (SETUP) 1 3
まず，●̇ ●̇ (SETUP) と押してみましょう。すると，画面表示はこのようになります。

では，画面に表示されているメニューのうち「1：入力／出力」を選択するので 1 を押します。 1 を押した後の画面はこのようになります。

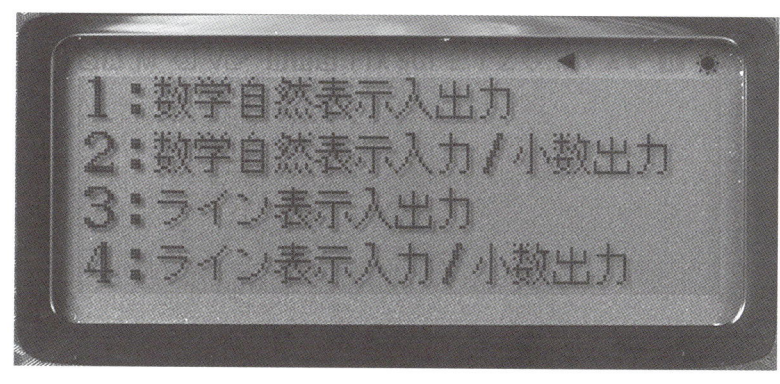

次に，画面に表示されているメニューのうち「3：ライン表示入出力」を選択するので3を押します。3を押した後の画面はこのようになります。

マークが消えていることを確認してください。

この設定をする前に確認した「√⬚」というマークが消えていることを確認してください。これでライン表示の設定は完了です。

(2) 角度表示を「度数法（D）」にする。 ● ● (SETUP) 2 1
まず，● ● (SETUP) と押してみましょう。すると，画面表示はこのようになります。

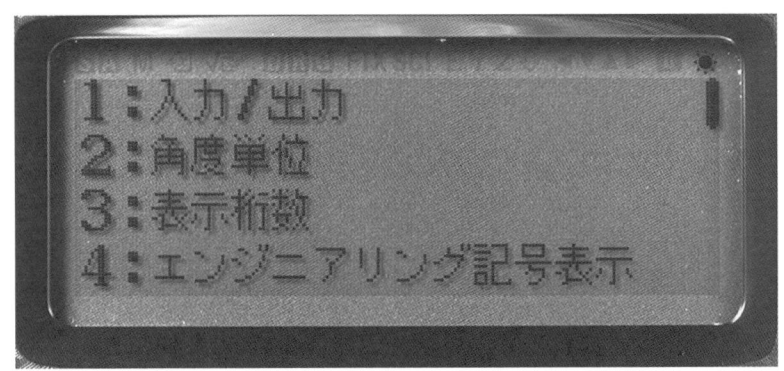

　では，画面に表示されているメニューのうち「2：角度単位」を選択するので 2 を押します。2 を押した後の画面はこのようになります。

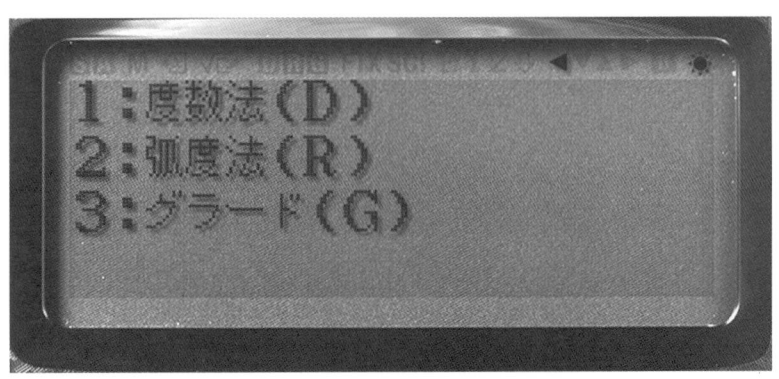

　次に，画面に表示されているメニューのうち「1：度数法（D）」を選択するので 1 を押します。これで，角度表示を「度数法（D）」にするための設定は完了です。

(3) 表示桁数を「フル桁」にする。 ● ●(SETUP) 3 3 2

　まず，● ●(SETUP) と押してみましょう。すると，画面表示はこのようになります。

　では，画面に表示されているメニューのうち「3：表示桁数」を選択するので 3 を押します。 3 を押した後の画面はこのようになります。

　次に,画面に表示されているメニューのうち「3:指数表示範囲（Norm)」を選択するので 3 を押します。 3 を押した後の画面はこのようになります。

　最後に，画面に表示されているメニューのうち「指数表示範囲：1～2を選択」と表示されているので [2] を押します。これで，表示桁数を「フル桁」にするための設定は完了です。

(4) 設定をクリアして，初期状態に戻す。　　● [9] (RESET) [3] [=] AC

　まず，● [9] (RESET) と押してみましょう。すると，画面表示はこのようになります。

　では，画面に表示されているメニューのうち「3：初期化」を選択するので [3] を押します。[3] を押した後の画面はこのようになります。

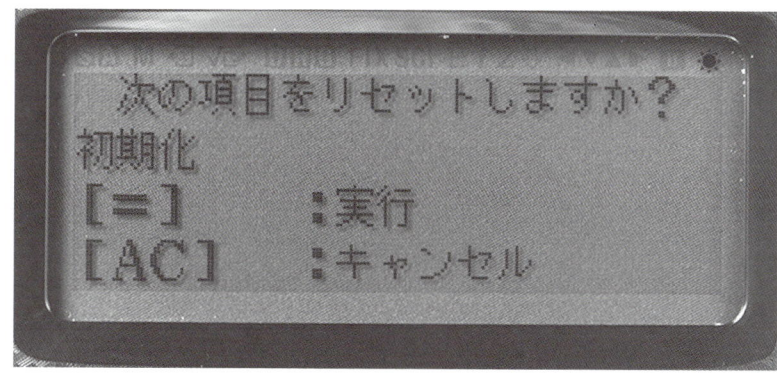

　次に，画面に表示されているメニューのうち「[＝]：実行」を選択するので[＝]を押します。[＝]を押した後の画面はこのようになります。

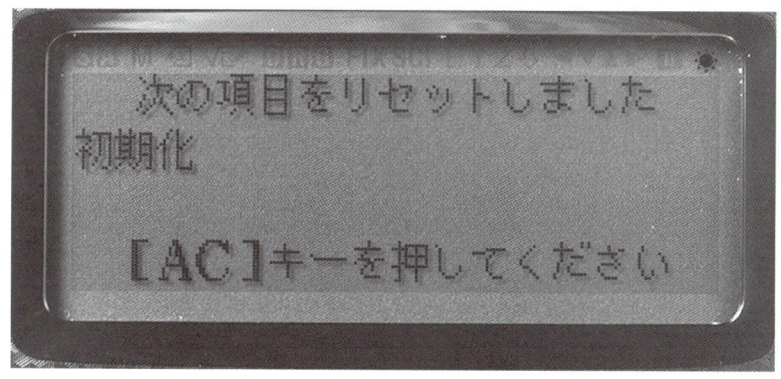

　最後に，画面の指示にしたがい AC を押します。AC を押した後の画面はこのようになります。

　一連の設定をしたことにより表示されていなかった「√☐」というマークが再度表示されていることを確認してください。これで全ての設定が初期化され，購入時の状態に戻りました。

　　　　　できました。ありがとうございました。

 　　今の状態は初期化されている状態ですから，再度（1）〜（3）の設定を行っておいてくださいね。

ところで，私の電卓，画面表示が少し濃すぎるような気がするのだけれど……。調整することはできるのかな？

できますよ。では，一緒に調整してみましょう。

(5) 画面のコントラストを調整する。● ● ▲ 4 ◀ 又は ▶ AC

まず，● ●（SETUP）と押してみましょう。すると，画面表示はこのようになります。

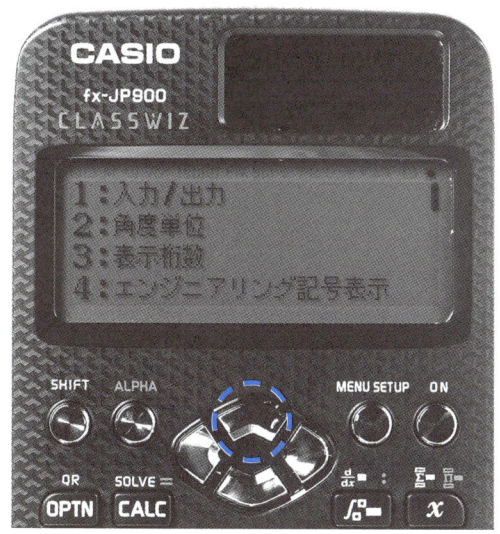

そうしましたら，中央上部にある十字キーのうち ▲ を1回押してください。この操作後の画面はこのようになります。

15

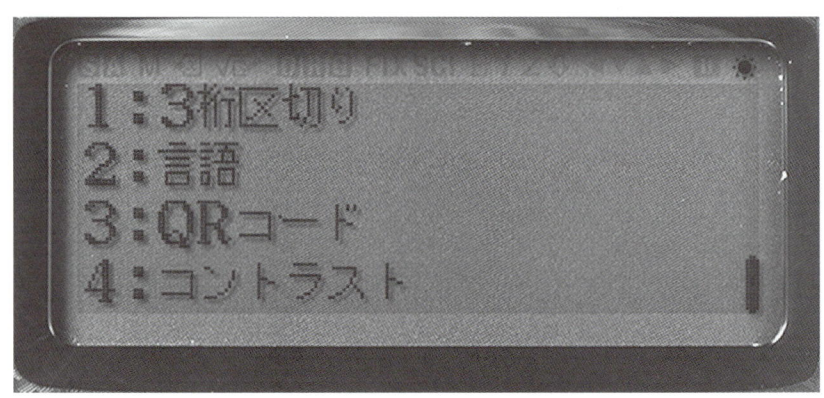

　では，画面に表示されているメニューのうち「4：コントラスト」を選択するので 4 を押します。 4 を押した後の画面はこのようになります。

　この状態で中央上部の十字キーのうち ◀ 又は ▶ を押して好みのコントラストに調節してください。
　調整が終わったら AC を押して元の画面に戻ります。

16

Lesson 3　基本操作

❶　基本的な計算

　本機では，みなさんが紙に書いたとおりの計算式をそのまま入力し，[=]を押すことによって計算結果が表示されます。

　例　3（6＋5）－3×（-4）＝45

　操作　3 [(] 6 [+] 5 [)] [−] 3 [×] [(-)] 4 [=] ⇒45

　なお，計算結果をクリアするには[AC]キーを押します。

❷　入力モード

　本機の入力モードには，「挿入モード」と「上書きモード」があります。初期状態は「挿入モード」です。電源を入れた際，入力画面左上に「│」カーソルが点滅しているはずです。これは，「挿入モード」であることを示しています。
　ここで，入力モードを「上書きモード」に切り替えます。

　操作　[SHIFT] [DEL]（INS）

　そうすると，入力画面左上に「＿」カーソルが点滅しているはずです。これが「上書きモード」であることを示しています。
　再度，「挿入モード」に戻します。

　操作　[SHIFT] [DEL]（INS）

　このように，[SHIFT] [DEL]（INS）を押す度に「挿入モード」と「上書きモード」が切り替わります。

「挿入モード」と「上書きモード」かぁ。
どっちの方が有利なんだろ？

調査士試験において，どちらのモードが有利ということはありません。各人の好みや状況に応じて使い分けてみてください。

③ 入力中文字の訂正

次の例を使って，入力中の文字を訂正してみましょう。

例 3（6+5）−**3**×（-4）
　　　　　　　↓「3」を「8」に訂正
　　　3（6+5）−**8**×（-4）

(1) 挿入モードの場合

「挿入モード」ではカーソルの位置に文字が挿入されます。

操作 3 (6 + 5) − 3 | × (−) 4
　　　　　　　　　　　↑カーソルをここに移動させ
　　　　　　　　　　　DEL 8 = ⇒ 65

なお，カーソルの移動は，十字キーで行います（次写真参照）。

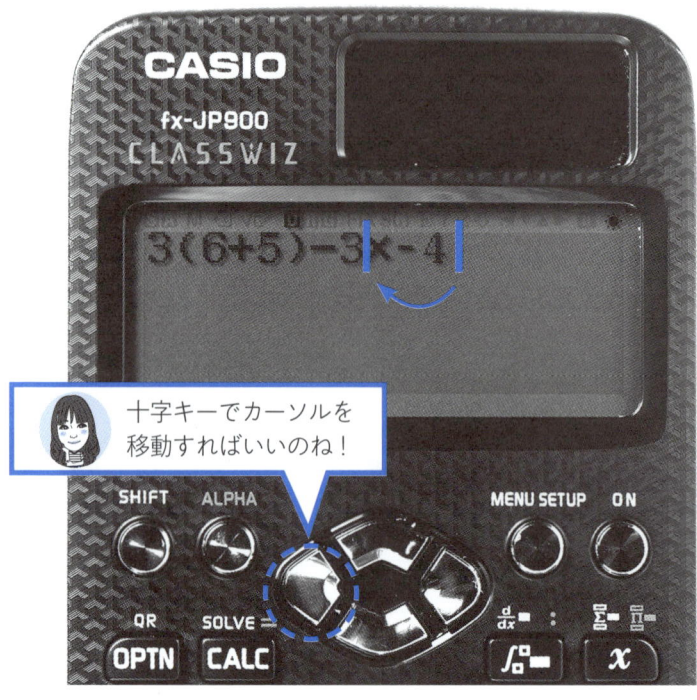

十字キーでカーソルを移動すればいいのね！

（2）上書きモードの場合

「上書きモード」ではカーソルの位置の文字が入力した文字に置き換わります。

操作 3 （ 6 + 5 ） − 3 × (−) 4
　　　　　　　　　　　　↑カーソルをここに移動させ
　　　　　　　　　　　　8 = ⇒ 6 5

4　二乗の計算

二乗の計算は次のとおり操作します。

- 例1　$2^2 = 4$
- 例2　$3.3^2 = 10.89$
- 例3　$(2.5+3.3)^2 = 33.64$

操作1 2 x^2 = （解：4）
操作2 3 ・ 3 x^2 = （解：10.89）
操作3 （ 2 ・ 5 + 3 ・ 3 ） x^2 = （解：33.64）

※本書において、これ以降の小数点以下の入力操作は、2.5、3.3 等と表示していきます。

「5.8」の二乗を計算しているんだ…。

5　√（ルート）の計算

√（ルート）の計算は次のとおり操作します。

- 例1　$\sqrt{2} = 1.414213562$
- 例2　$\sqrt{3} = 1.732050808$
- 例3　$\sqrt{(2.22+3.33)} = 2.355843798$

操作1 √ 2 = （解：1.414213562）
操作2 √ 3 = （解：1.732050808）
操作3 √ 2.22 + 3.33 ） = （解：2.355843798）

計算末尾の閉じカッコ ） は省略することができます。

√ キーを押すと自動的に「(」を入力してくれるのね！

だから、自分で （ を入力する必要がないんだ……。

6 角度の計算

角度の入力は度・分・秒ごとに °'" を押します。

例1　45度45分45秒
操作1　45 °'" 45 °'" 45 °'" ＝　（解：45° 45′ 45″）

この際の画面表示は次の写真のとおりです。

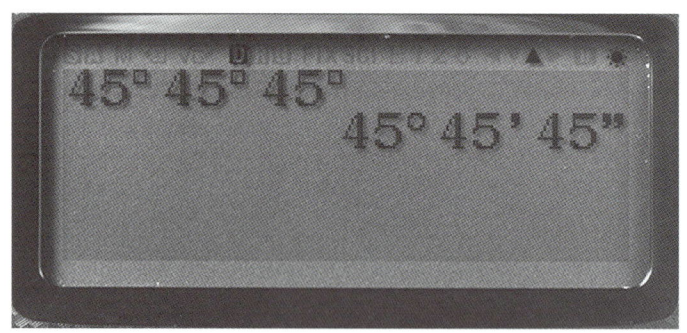

では，続いて角度の加算と減算を行います。

例2　45度45分45秒＋44度14分15秒＝90度0分0秒
例3　360度－180度＝180度0分0秒
操作2　45 °'" 45 °'" 45 °'" ＋ 44 °'" 14 °'" 15 °'" ＝
（解：90° 0′ 00″）
操作3　360 °'" － 180 °'" ＝　（解：180° 0′ 00″）

7 三角関数を使った計算

三角関数の入力には sin cos tan を使用します。

例1　sin30度＝0.5
例2　cos45度45分45秒＝0.6976341704
例3　tan60度＝1.732050808
操作1　sin 30 °'" ＝　（解：0.5）
操作2　cos 45 °'" 45 °'" 45 °'" ＝
（解：0.6976341704）
操作3　tan 60 °'" ＝　（解：1.732050808）

 この操作により算出された数値のことを「**三角関数真数値**」といいます。

8 逆三角関数を使った計算

逆三角関数の入力は，SHIFT を押してから sin cos tan を押します。

- **例1** sin⁻¹0.5＝30（30度）
- **例2** cos⁻¹0.6976341704＝45.7625（45度45分45秒）
- **例3** tan⁻¹1.732050808＝60.00000001（60度）
- **操作1** ● SHIFT sin （sin⁻¹）0.5 = （解：30）
- **操作2** ● SHIFT cos （cos⁻¹）0.6976341704 = （解：45.7625）
- **操作3** ● SHIFT tan （tan⁻¹）1.732050808 =
  （解：60.00000001）

算出した数値に °'" キーを押すと角度表示になるのね！
すごーい！

ホントだ…。
操作3の計算結果に °'" キーを押したら「60°0′0″」が表示されたよ…。

ところで「sin⁻¹」や「cos⁻¹」等は何て読むのかな……？

「sin⁻¹」は「アークサイン」や「cos⁻¹」は「アークコサイン」と読みます。

じゃあ、「tan⁻¹」は「アークタンジェント」ね！

Lesson 4 基礎演習

　ここでは，Lesson 3で修得した基本操作を活用し，実戦演習をしていきます。

えー…，もう実戦ですか……？
大丈夫かなぁ……。

よしゆきさんは，本当に心配性なんだから！

そうですね。昔から"習うより慣れろ"と言われるように，こういう事は本を読んでばかりしているよりも，どんどん練習した方が理解も深まりますよ。

わかりました……やってみます……。

1　各階平面図における床面積の求積

例題1　次の建物の床面積を計算しなさい。ただし，計算結果の小数点以下第3位の数値を切り捨てること。

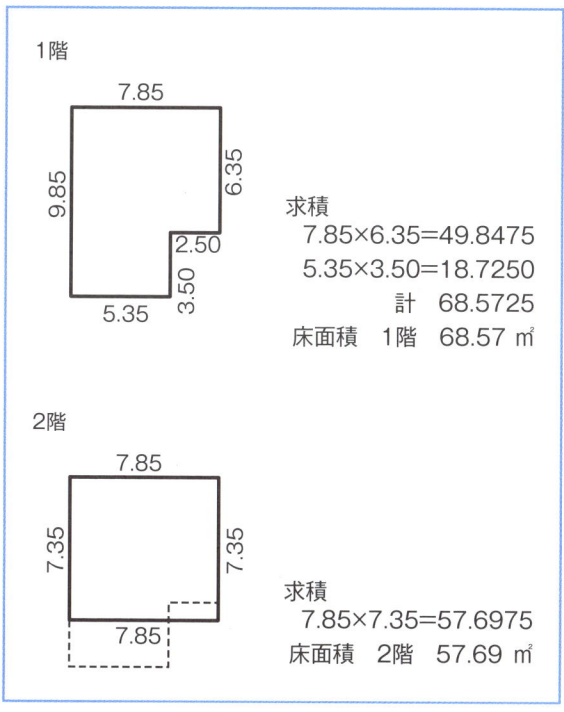

1階床面積：68.57㎡
- **操作1** 7.85 × 6.35 = （解：49.8475）
- **操作2** 5.35 × 3.50 = （解：18.725）
- **操作3** 49.8475 + 18.7250 = （解：68.5725）

2階床面積：57.69㎡
- **操作4** 7.85 × 7.35 = （解：57.6975）

「3.50」…「18.7250」……。末尾の「0」も入力しなければいけないのかなぁ……？

私，両方試してみたけど，入力しなくても大丈夫だったわよ！よしゆきさんも迷ってばかりいないで，自分で試してみればいいのよ！

そうですね。自分で試してみた方が，より納得できますし，安心できると思います。

例題2　次の建物の床面積を計算しなさい。ただし，計算結果の小数点以下第3位の数値は切り捨てること。

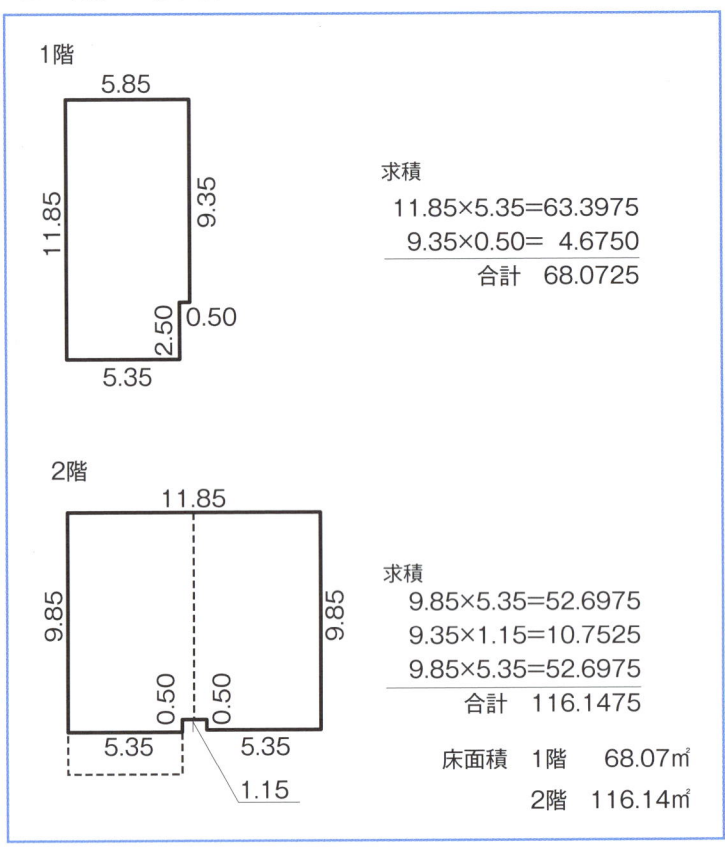

1階床面積：68.07㎡
- 操作1　11.85 × 5.35 =（解：63.3975）
- 操作2　9.35 × 0.50 =（解：4.675）
- 操作3　63.3975 + 4.6750 =（解：68.0725）

2階床面積：116.14㎡
- 操作1　9.85 × 5.35 =（解：52.6975）
- 操作2　9.35 × 1.15 =（解：10.7525）
- 操作3　9.85 × 5.35 =（解：52.6975）

操作4 　52.6975 [+] 10.7525 [+] 52.6975 [=]
（解：116.1475）

2　地積測量図における筆界点間の距離の算出

　地積測量図における筆界点間の距離の算出は，どのような筆界点においても同様の計算式で行うことができます。

　下図の筆界点ＡＢ間の距離は，次のように求められます。

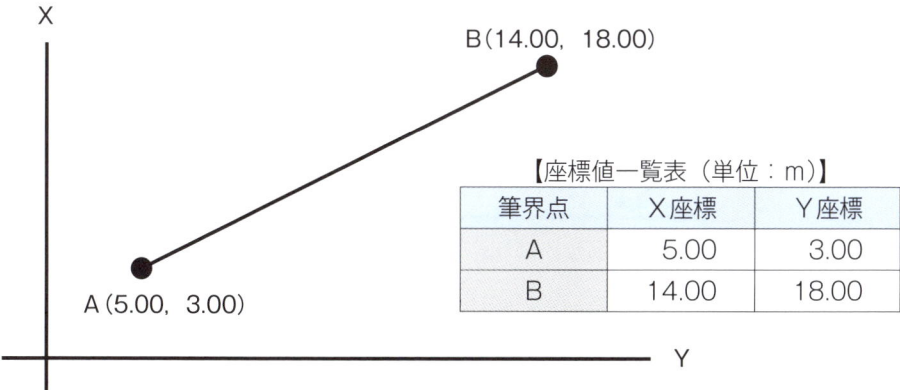

【座標値一覧表（単位：m）】

筆界点	X座標	Y座標
A	5.00	3.00
B	14.00	18.00

点Ａの座標値と点Ｂの座標値の入力順が逆でも同じ値になるんだ……。

$$筆界点ＡＢ間の距離 = \sqrt{(B_X - A_X)^2 + (B_Y - A_Y)^2}$$
$$\sqrt{(14.00 - 5.00)^2 + (18.00 - 3.00)^2}$$
$$= 17.49285568 ≒ 17.49\,m$$

 [√] [（] 14.00 [−] 5.00 [）] [x^2] [+] [（] 18.00 [−] 3.00 [）] [x^2] [=]　（解：17.49285568）

このカッコの入力を忘れると，まったく違う解になりますので注意してください。

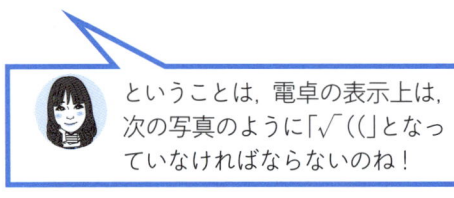
ということは，電卓の表示上は，次の写真のように「√((」となっていなければならないのね！

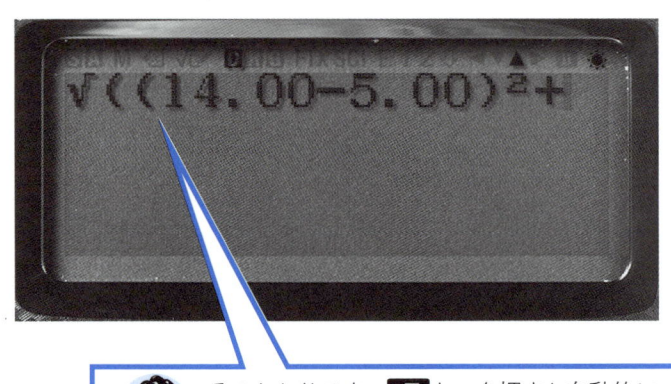

そのとおりです。キーを押すと自動的に一つの「(」が付きますが，更に (キーを押す必要があります。

例示2

下図の筆界点ＣＤ間の距離は，次のように求められます。

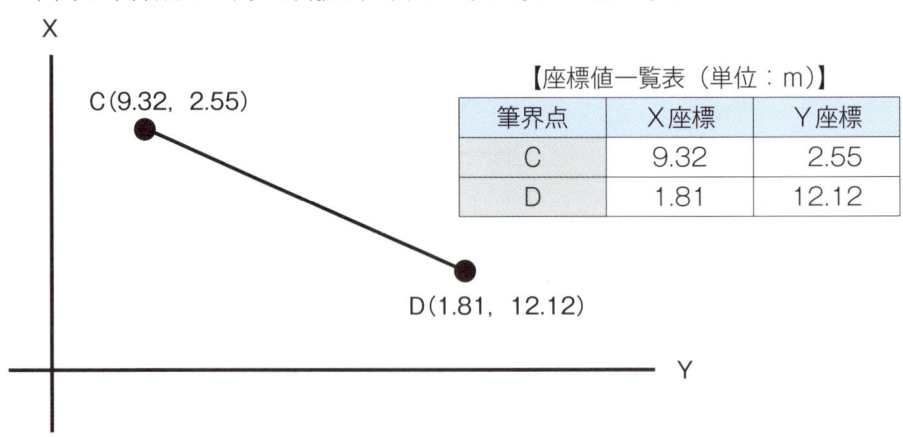

【座標値一覧表（単位：m）】

筆界点	Ｘ座標	Ｙ座標
C	9.32	2.55
D	1.81	12.12

$$\begin{aligned}\text{筆界点ＣＤ間の距離} &= \sqrt{(D_X - C_X)^2 + (D_Y - C_Y)^2} \\ &= \sqrt{(1.81 - 9.32)^2 + (12.12 - 2.55)^2} \\ &= 12.16490855 \fallingdotseq 12.16 \text{ m}\end{aligned}$$

操作 √ (1.81 − 9.32) x^2 + (12.12 − 2.55) x^2) =　（解：12.16490855）

> 計算末尾の閉じカッコは省略することもできるんだ……。

> 私は、カッコの数が揃っていないと不安になるから、入力しようっと！

> そうですね。閉じカッコを省略するかどうかは個人の好みによって判断すればいいでしょう。最も自分が間違えない方法を採用してください。

例題1　次の51番1の土地の各筆界点間の距離を計算しなさい。ただし、計算結果の小数点以下第3位を四捨五入すること。

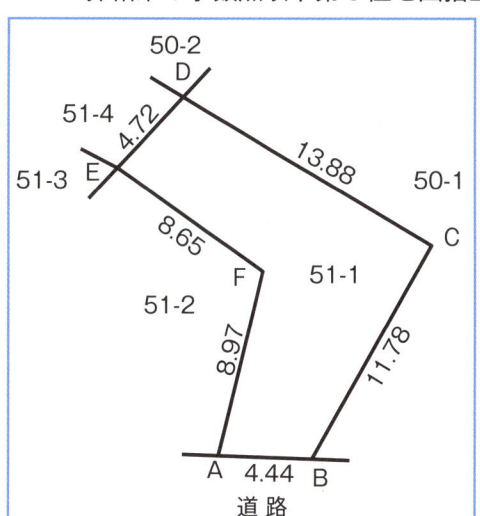

【座標値一覧表（単位：m）】

	X座標	Y座標
A	303.34	310.90
B	303.18	315.34
C	313.37	321.26
D	320.31	309.24
E	316.94	305.93
F	312.05	313.06

操作　(AB間)：√ (303.18 − 303.34) x^2 + (315.34 − 310.90) x^2) =
（解：4.442881948）

操作 (BC間)：√⃞ （ 313.37 − 303.18 ） x^2 ＋ （
321.26 − 315.34 ） x^2 ） ＝
(解：11.78484196)

操作 (CD間)：√⃞ （ 320.31 − 313.37 ） x^2 ＋ （
309.24 − 321.26 ） x^2 ） ＝
(解：13.87962536)

操作 (DE間)：√⃞ （ 316.94 − 320.31 ） x^2 ＋ （
305.93 − 309.24 ） x^2 ） ＝
(解：4.723663832)

操作 (EF間)：√⃞ （ 312.05 − 316.94 ） x^2 ＋ （
313.06 − 305.93 ） x^2 ） ＝
(解：8.645750401)

操作 (FA間)：√⃞ （ 303.34 − 312.05 ） x^2 ＋ （
310.90 − 313.06 ） x^2 ） ＝
(解：8.973834186)

> 調査士試験において筆界点間の距離の計算結果は，通常，小数点以下第3位を四捨五入します。

例題2 次の5番1及び5番2の土地の各筆界点の距離を計算しなさい。ただし，計算結果の小数点以下第3位を四捨五入すること。

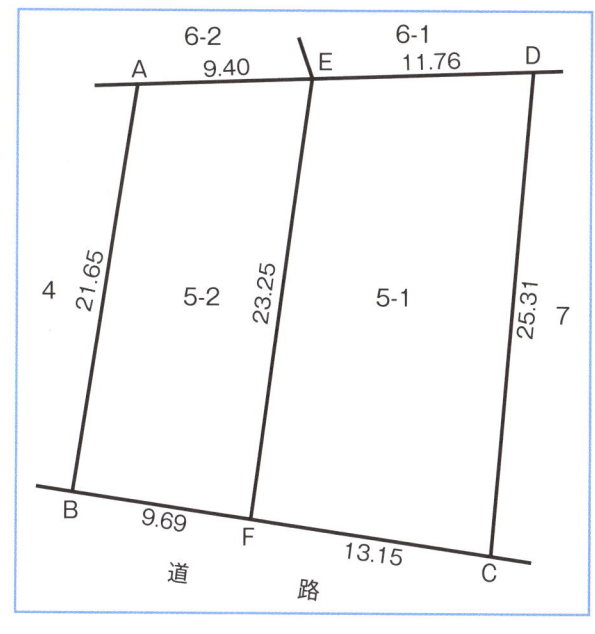

```
        6-2           6-1
  A   9.40    E    11.76    D
  │                          │
  │21.65   5-2  │23.25  5-1  │25.31
  4│            │            │7
  │            │            │
  B   9.69    F    13.15    C
       道         路
```

【座標値一覧表（単位：m）】

	X座標	Y座標
A	31.63	9.85
B	10.26	6.37
C	7.03	28.98
D	32.26	31.00
E	31.91	19.25
F	8.89	15.96

あわわ……，さとみちゃん……，
僕の電卓に何か深刻なメッセージが表示されているよ……。

なになに？ 「数学的誤りか計算範囲超えです」ですって？
よしゆきさん，電卓壊しちゃったんじゃないの〜？

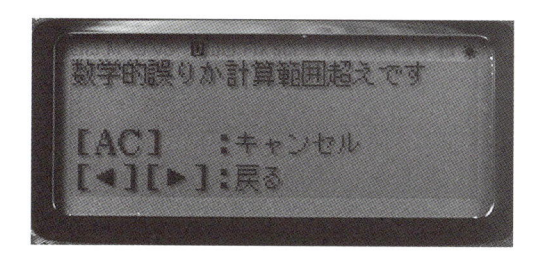

```
数学的誤りか計算範囲超えです

[AC]    :キャンセル
[◀][▶] :戻る
```

男性: 慌てなくても大丈夫ですよ。それは，ルートキーの後に「■(■」を入力し忘れていることが原因で表示されるものです。その操作に注意して，もう一度計算してみてください。

よしゆき: あ……，ちゃんと計算できました……。

女性: やだー，よしゆきさん。さっき私が『電卓の表示上は「√ ((」となっていなければならないのね！』って言ったじゃない！ ちゃんと確認しなかったの？

よしゆき: ごめん……，これからはちゃんと確認するようにするよ……。

操作（FC間）： √ (7.03 − 8.89) x^2 + (28.98 − 15.96) x^2) = （解：13.15218613）

操作（CD間）： √ (32.26 − 7.03) x^2 + (31.00 − 28.98) x^2) =
（解：25.31073488）

操作（DE間）： √ (31.91 − 32.26) x^2 + (19.25 − 31.00) x^2) =
（解：11.75521161）

操作（EF間）： √ (8.89 − 31.91) x^2 + (15.96 − 19.25) x^2) =
（解：23.25391365）

操作（EA間）： √ (31.63 − 31.91) x^2 + (9.85 − 19.25) x^2) =
（解：9.404169288）

操作（AB間）： √ (10.26 − 31.63) x^2 + (6.37 − 9.85) x^2) =
（解：21.65149648）

操作 (ＢＦ間)： √ (8.89 − 10.26) x^2 + (15.96 − 6.37) x^2) =
(解：9.687362902)

③ 座標値の算出　～距離と方向角～

　未知点の座標値を算出する計算方法の基本は，既知点からの距離と方向角を用いたものになります。次の例示で確認してください。

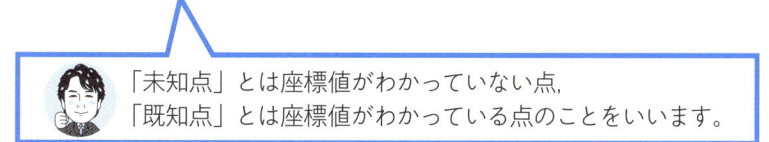

> 「未知点」とは座標値がわかっていない点，
> 「既知点」とは座標値がわかっている点のことをいいます。

例示１

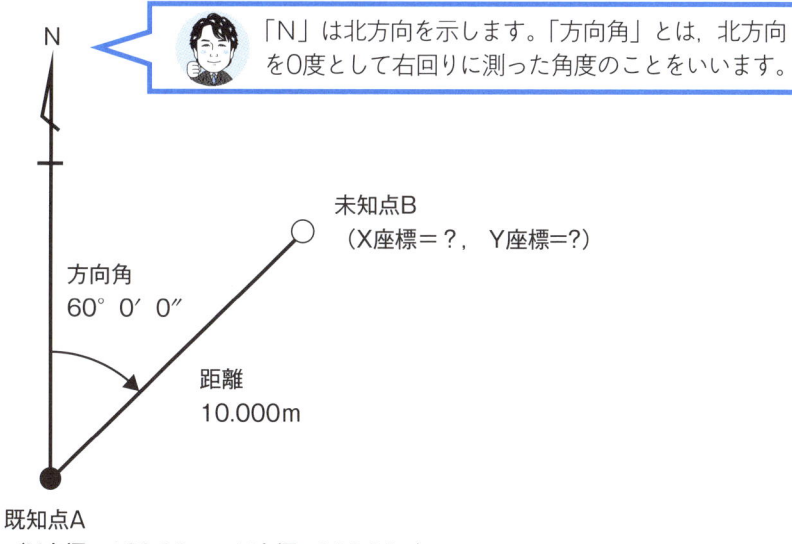

> 「Ｎ」は北方向を示します。「方向角」とは，北方向を０度として右回りに測った角度のことをいいます。

Ｎ

未知点Ｂ
（Ｘ座標＝？，Ｙ座標＝？）

方向角
60°0′0″

距離
10.000m

既知点Ａ
（Ｘ座標＝100.00m，Ｙ座標＝100.00m）

　この例示において，未知点Ｂの座標値を算出する計算式は次のとおりです。

未知点ＢのＸ座標値：既知点ＡのＸ座標値＋点Ａから点Ｂへの距離×cos（点Ａから点Ｂへの方向角）

未知点ＢのＹ座標値：既知点ＡのＹ座標値＋点Ａから点Ｂへの距離×sin（点Ａから点Ｂへの方向角）

上記の計算式を簡略化して表現すると，

$B_X = A_X + AB間距離 \times \cos(A \to B方向角)$
　　$= 100.00 + 10.000 \times \cos 60° 0' 0''$
$B_Y = A_Y + AB間距離 \times \sin(A \to B方向角)$
　　$= 100.00 + 10.000 \times \sin 60° 0' 0''$

> X座標値の計算には「cos」を，Y座標値の計算には「sin」を用いるのね！

となります。

操作 B_X：１００．００ ＋ １０．０００ × cos ６０ °'" ） ＝
　　　（解：105）

操作 B_Y：１００．００ ＋ １０．０００ × sin ６０ °'" ） ＝
　　　（解：108.660254）

したがって，BのX座標値は105.00m，BのY座標値は108.66mとなります。

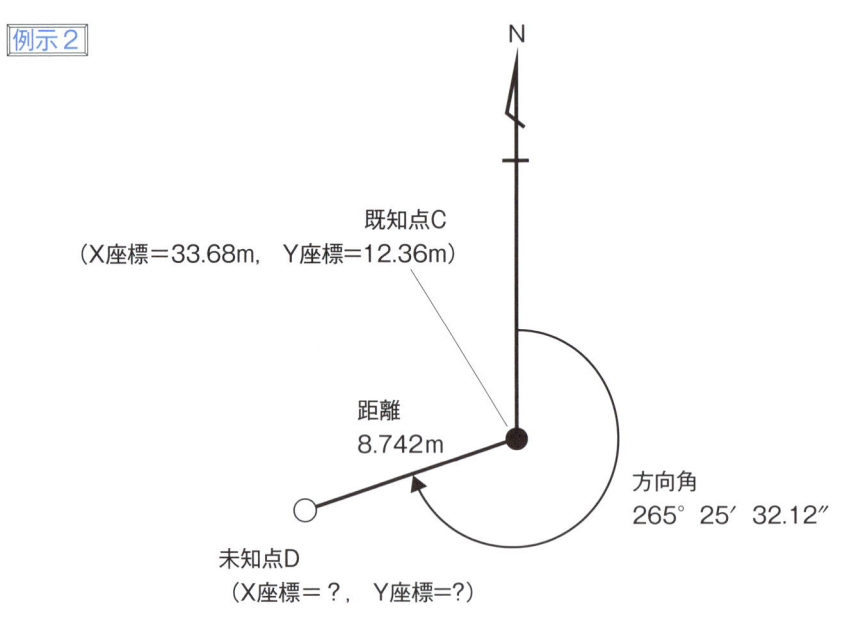

例示2

既知点C
（X座標＝33.68m，Y座標＝12.36m）

距離
8.742m

方向角
265° 25' 32.12"

未知点D
（X座標＝？，Y座標＝？）

この例示において，未知点Dの座標値を算出する計算式は次のとおりです。

未知点DのX座標値：既知点CのX座標値＋点Cから点Dへの距離×cos（点Cから点Dへの方向角）

未知点DのY座標値：既知点CのY座標値＋点Cから点Dへの距離×sin（点Cから点Dへの方向角）

上記の計算式を簡略化して表現すると，
$D_X = C_X + CD間距離 \times \cos（C→D方向角）$
$\quad = 33.68 + 8.742 \times \cos 265° 25' 32.12''$
$D_Y = C_Y + CD間距離 \times \sin（C→D方向角）$
$\quad = 12.36 + 8.742 \times \sin 265° 25' 32.12''$
となります。

操作 D_X：33.68 [+] 8.742 [×] [cos] 265 [°'"] 25 [°'"] 32.12 [°'"] [)] [=] （解：32.98279276）

操作 D_Y：12.36 [+] 8.742 [×] [sin] 265 [°'"] 25 [°'"] 32.12 [°'"] [)] [=] （解：3.645846796）

したがって，DのX座標値は32.98m，DのY座標値は3.65mとなります。

> 調査士試験において座標値の計算結果は，通常，小数点以下第3位を四捨五入します。

例題 次の観測データから，点A，点B，点C，点Dの座標値を算出しなさい。なお，器械点T1の座標値は（X＝50.00m，Y＝70.00m）とする。

器械点	後視点	測点	水平角	平面距離（m）
T1	－	N	0° 0' 0''	－
T1	N	A	45° 3' 1''	5.26
T1	N	B	116° 22' 2.31''	7.76
T1	N	C	230° 6' 46.54''	4.86
T1	N	D	333° 33' 33''	3.33

操作 A_X：50.00 [+] 5.26 [×] [cos] 45 [°'"] 3 [°'"] 1 [°'"] [)] [=]
（解：53.71611643）

操作 A_Y：70.00 [+] 5.26 [×] [sin] 45 [°'"] 3 [°'"] 1 [°'"] [)] [=]
（解：73.72264404）

操作 B_X：50.00 [+] 7.76 [×] [cos] 116 [°'"] 22 [°'"] 2.31 [°'"] [)] [=] （解：46.5535975）

操作 B_Y：`70.00` `+` `7.76` `×` `sin` `116` `°'"` `22` `°'"` `2.31` `°'"`
`)` `=` （解：76.95269083）

操作 C_X：`50.00` `+` `4.86` `×` `cos` `230` `°'"` `6` `°'"` `46.54` `°'"`
`)` `=` （解：46.88339612）

操作 C_Y：`70.00` `+` `4.86` `×` `sin` `230` `°'"` `6` `°'"` `46.54` `°'"`
`)` `=` （解：66.27087406）

操作 D_X：`50.00` `+` `3.33` `×` `cos` `333` `°'"` `33` `°'"` `33` `°'"`
`)` `=` （解：52.98166419）

操作 D_Y：`70.00` `+` `3.33` `×` `sin` `333` `°'"` `33` `°'"` `33` `°'"`
`)` `=` （解：68.51723952）

解答

	X座標（m）	Y座標（m）
A	53.72	73.72
B	46.55	76.95
C	46.88	66.27
D	52.98	68.52

参考イメージ図

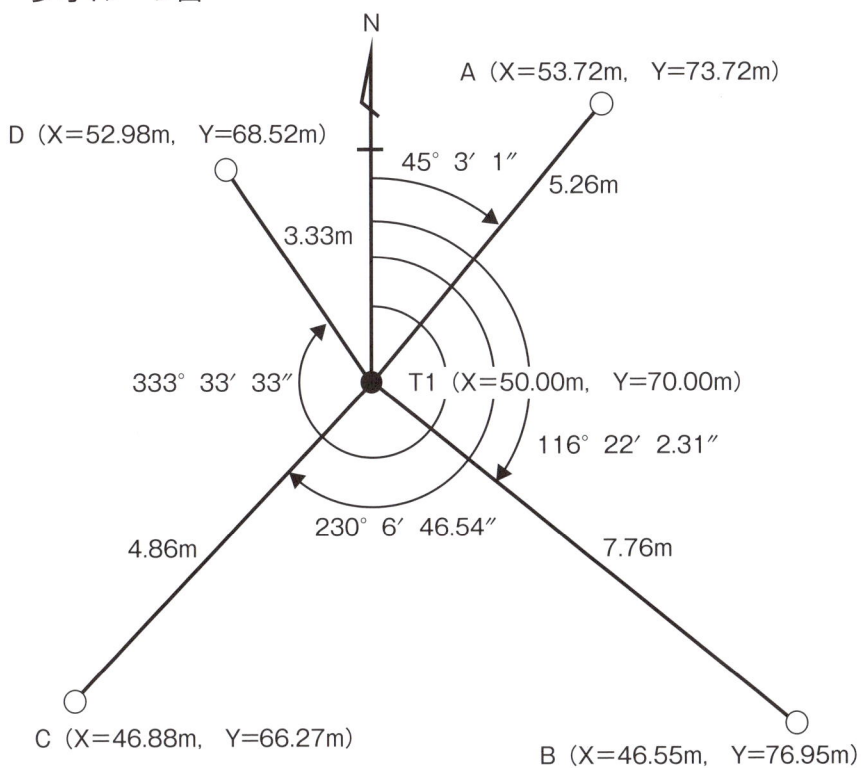

A (X=53.72m, Y=73.72m)
D (X=52.98m, Y=68.52m)
45° 3′ 1″
5.26m
3.33m
333° 33′ 33″
T1 (X=50.00m, Y=70.00m)
116° 22′ 2.31″
230° 6′ 46.54″
4.86m
7.76m
C (X=46.88m, Y=66.27m)
B (X=46.55m, Y=76.95m)

4 方向角の算出

ここでは，既知２点の方向角の算出方法について確認します。

例示1

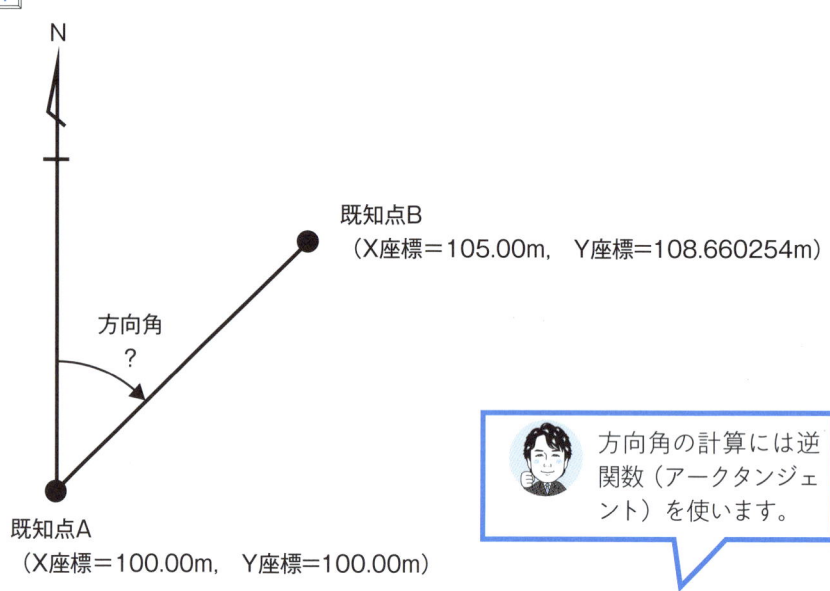

既知点B
（X座標＝105.00m， Y座標＝108.660254m）

方向角
？

既知点A
（X座標＝100.00m， Y座標＝100.00m）

方向角の計算には逆関数（アークタンジェント）を使います。

この例示において，点Aから点Bへの方向角を算出する計算式は次のとおりです。

既知点Aから点Bへの方向角＝$\tan^{-1}\{(B_Y-A_Y)/(B_X-A_X)\}$
＝$\tan^{-1}\{(108.660254-100.00)/(105.00-100.00)\}$
＝60° 0′ 0″

操作　● [SHIFT] [tan] [(] 108.660254 [−] 100.00 [)] [÷] [(] 105.00 [−] 100.00 [)] [=] （解：59.99999989→計算結果を度分秒表示にするため [°′″] →60° 0′ 0″）

計算式が長すぎて，何が行われているのか，よくわからないよ……。

ホントね！ 計算結果は一致したけど，計算式の中身を理解しておいたほうが今後も間違えずに計算できそうね！

そうですね。では，簡単に説明しておきましょう。
上記の計算作業は主に四段階の作業を一度にこなしているので，以下のとおり分解してみましょう。

第一段階：$(B_Y - A_Y)$ を計算する。
　　　　→108.660254－100.00＝8.660254

↓

第二段階：$(B_X - A_X)$ を計算する。
　　　　→105.00－100.00＝5.00

↓

第三段階：第一段階の計算結果を第二段階の計算結果で割る。
　　　　→8.660254÷5.00＝1.7320508

↓

第四段階：第三段階の計算結果に逆関数をかける。
　　　　→$\tan^{-1}$（1.7320508）＝59.99999989

このように，方向角の算出は主に四段階の作業で行っており，冒頭の式は，これらを一つにまとめたものなんですよ。

そうか！ じゃあ，混乱しちゃったときは段階ごとに計算すればいいのね！

僕は慣れるまで段階ごとに計算することにするよ……。

> それでいいと思いますよ。慣れてくれば，自然にまとめた式で計算できるようになるはずですから。

例題1 次の図における点Cから点Dへの方向角を算出しなさい。

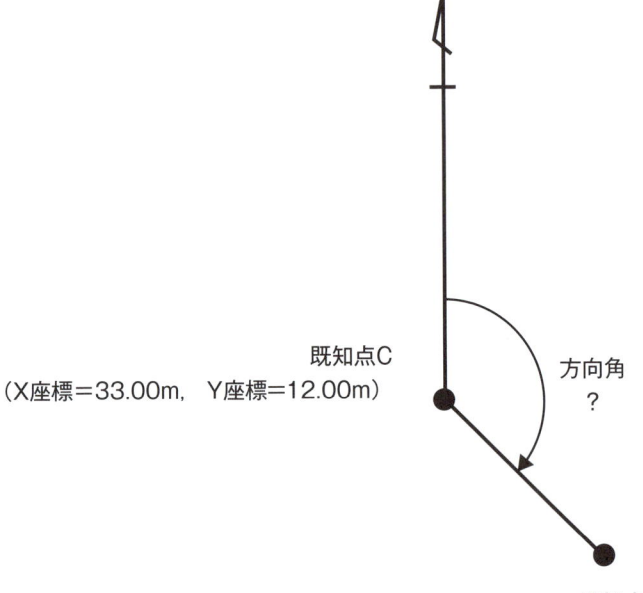

N

既知点C
（X座標＝33.00m，Y座標＝12.00m）

方向角
？

既知点D
（X座標＝28.00m，Y座標＝16.00m）

算出式 既知点Cから点Dへの方向角
　　　　＝$\tan^{-1}\{(D_Y - C_Y) / (D_X - C_X)\}$
　　　　＝$\tan^{-1}\{(16.00 - 12.00) / (28.00 - 33.00)\}$

解答 141° 20′ 24.69″

操作 ● [SHIFT] [tan] [（] 16.00 [－] 12.00 [）] [÷] [（] 28.00 [－] 33.00 [）] [＝] （解：-38.65980825→計算結果を度分秒表示にするため [°′″] →-38° 39′ 35.31″）

わぁ、マイナスの角度が算出されたよ……。

慌てなくても大丈夫ですよ。これは、次の図の点線部分の角度が算出されたことになります。

そうか！　じゃあ、点Cから点Dの角度にするためには、今算出したマイナスの角度に180°を加算すればいいのね！

そのとおりです。
念の為、次の図で確認しておきましょう。

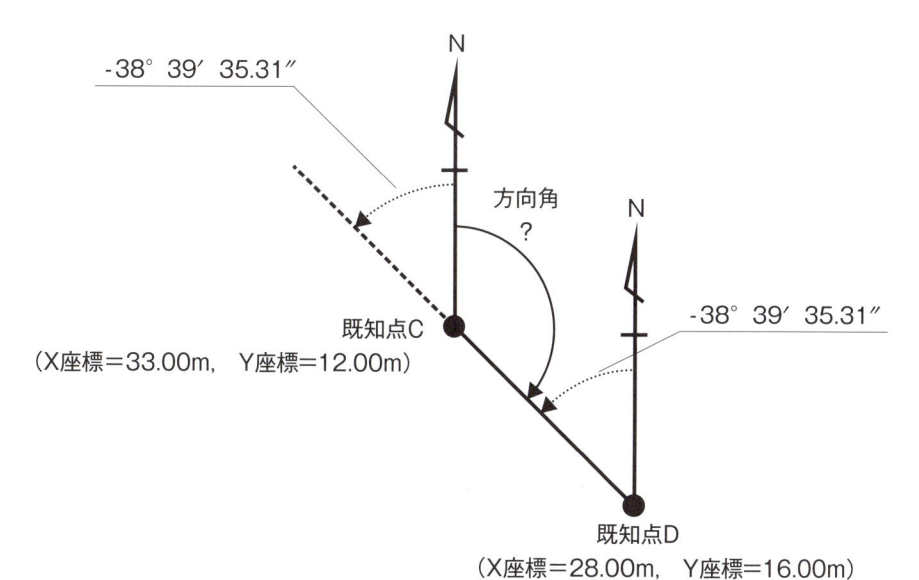

-38°39′35.31″

N

方向角
？

N

-38°39′35.31″

既知点C
（X座標＝33.00m，Y座標＝12.00m）

既知点D
（X座標＝28.00m，Y座標＝16.00m）

180°を加算してC→Dの方向角に

Lesson4　基礎演習

-38° 39′ 35.31″

180°を加算
(-38° 39′ 35.31″＋180°)
することにより
C→Dの方向角になる

方向角
?

既知点C
(X座標＝33.00m, Y座標＝12.00m)

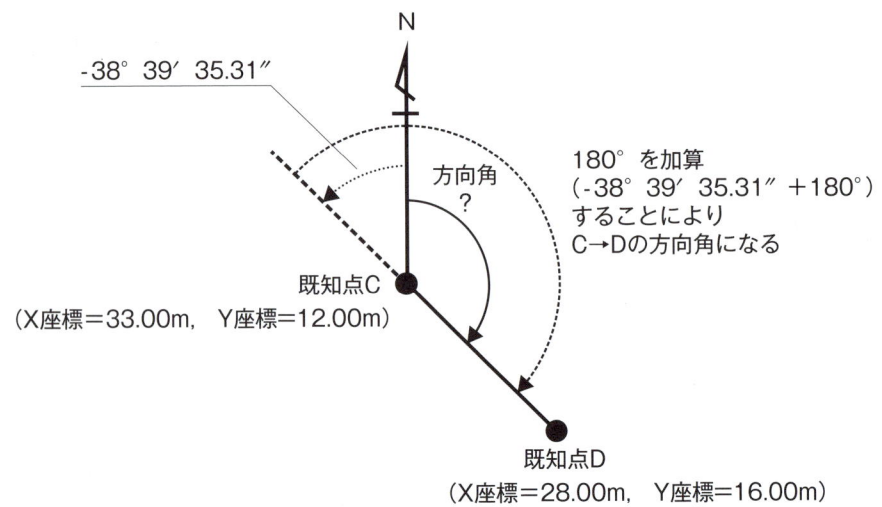

既知点D
(X座標＝28.00m, Y座標＝16.00m)

よって,
　C→Dの方向角＝-38° 39′ 35.31″＋180°＝141° 20′ 24.69″となります。

例題2　次の図における点Eから点Fへの方向角を算出しなさい。

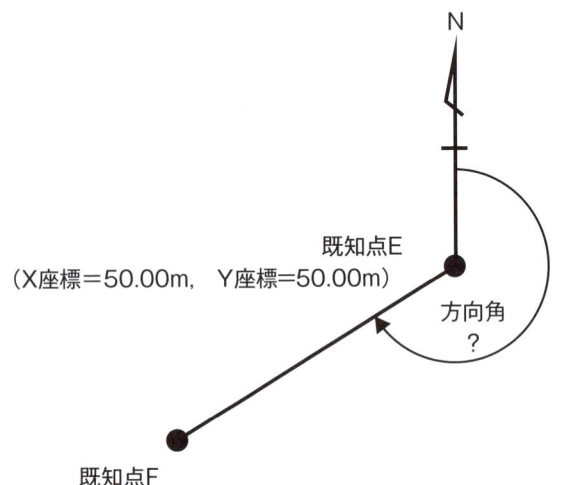

既知点E
(X座標＝50.00m, Y座標＝50.00m)

方向角
?

既知点F
(X座標＝44.00m, Y座標＝35.00m)

算出式　既知点Eから点Fへの方向角
　　　　＝$\tan^{-1}\{(F_Y - E_Y) / (F_X - E_X)\}$
　　　　＝$\tan^{-1}\{(35.00 - 50.00) / (44.00 - 50.00)\}$

解答 248° 11′ 54.93″

操作 ● ⇧tan（35.00 − 50.00）÷（44.00 − 50.00）=（解：68.19859051→計算結果を度分秒表示にするため °′″→68° 11′ 54.93″）

> あれ……？ 計算結果が「68° 11′ 54.93″」と算出されたけど，点Eから点Fの方向角はもっと大きい角度のような気がするなぁ……。

> そうですね。算出された「68° 11′ 54.93″」は次の図の点線部分の角度が算出されたことになりますので……

> 180°を加算すれば，点Eから点Fの角度になるのね！

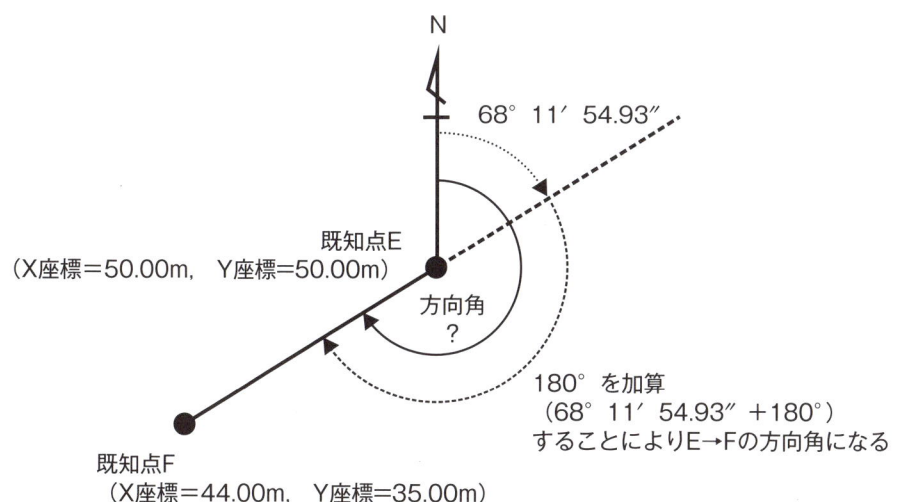

既知点E
（X座標＝50.00m， Y座標＝50.00m）

方向角？

68° 11′ 54.93″

180°を加算
（68° 11′ 54.93″＋180°）
することによりE→Fの方向角になる

既知点F
（X座標＝44.00m， Y座標＝35.00m）

よって，

E→Fの方向角＝68° 11′ 54.93″＋180°＝248° 11′ 54.93″となります。

例題3 次の図における点Gから点Hへの方向角を算出しなさい。

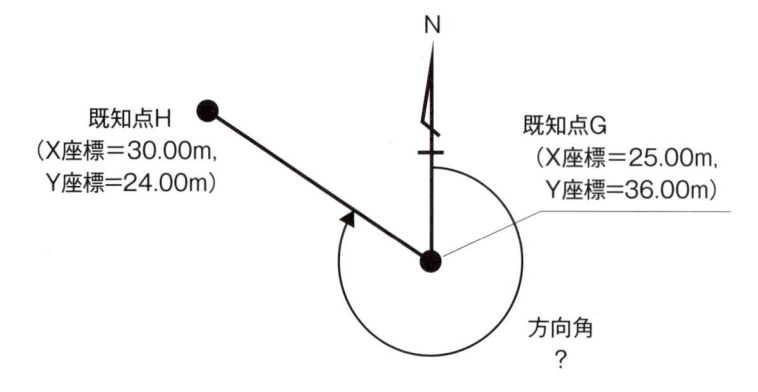

既知点H
（X座標＝30.00m，
Y座標＝24.00m）

既知点G
（X座標＝25.00m，
Y座標＝36.00m）

方向角
？

算出式 既知点Gから点Hへの方向角＝$\tan^{-1}\{(H_Y－G_Y)／(H_X－G_X)\}$
　　　　　＝$\tan^{-1}\{(24.00－36.00)／(30.00－25.00)\}$

解答 292°37′11.51″

操作 ● [SHIFT][tan]（24.00[－]36.00）[÷]（30.00[－]25.00）[＝]（解：-67.38013505→計算結果を度分秒表示にするため[°′″]→-67°22′48.49″）

ここで算出された「-67°22′48.49″」は，次の図の点線部分の角度ですから……

180°を加算すればいいのね！

あれ……？　180°を加算しても，まだ何かおかしいような気がするよ……。

> そうですね。今回は，さらに180°を加算しなければ点Gから点Hへの方向角とはなりません。

> ということは，「-67° 22′ 48.49″」に360°を加算するってことね！

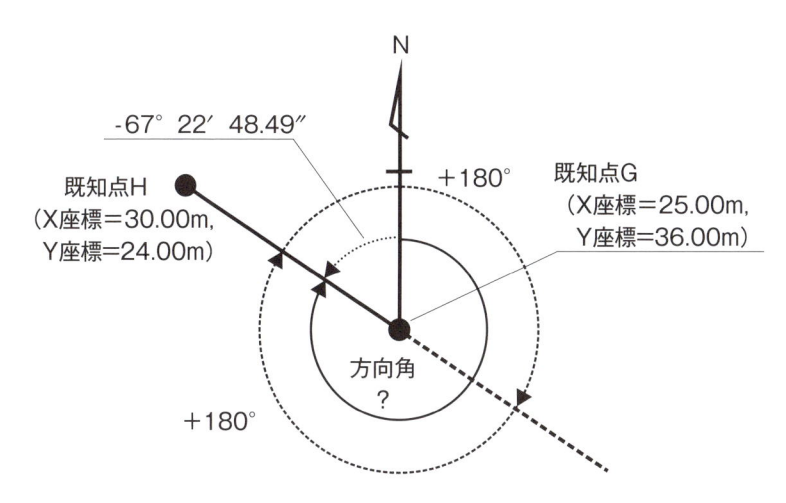

既知点H
（X座標＝30.00m,
　Y座標＝24.00m）

-67° 22′ 48.49″

＋180°

既知点G
（X座標＝25.00m,
　Y座標＝36.00m）

方向角
？

＋180°

360°（180°＋180°）を加算（-67° 22′ 48.49″＋360°）することによりG→Hの方向角になる

　G→Hの方向角＝-67° 22′ 48.49″＋360°＝292° 37′ 11.51″となります。

> 180°を足したり360°を足したり……，もう目が回りそうです……。

> そうね，何とかスッキリできないかしら？

> その気持ち，よくわかりますよ。実はここ，初学者の方が最もつまずきやすい所なんです。しかし，"象限"というテーマを理解すれば，すぐに解決しますよ。

> "象限"？

> あ……，中学生の時に習ったような……。

> そうです，それです。では，方向角の算出について，"象限"を含め，以下で詳しい説明をしていきますので，しっかりついてきてください。

※方向角の算出について，日建学院の解説書等では，次のように表記されます。

> 点Cから点Dへの方向角の算出
> 点Cから点Dへの方向角
> $= \tan^{-1}(D_Y - C_Y) / (D_X - C_X)$
> $= \tan^{-1}(16.00 - 12.00) / (28.00 - 33.00)$
> $= -38° 39' 35.31''$
> ⊿X：−，⊿Y：＋であるから第2象限の角度にするため，180°を加算する。
> $-38° 39' 35.31'' + 180° = 141° 20' 24.69''$

　ここで，大半の受験生が混乱するのが「⊿X：−，⊿Y：＋であるから第2象限の角度にするため，180°を加算する。」という記述です。この点について，少し詳しく説明をしておきます。
　この記述は先ほどの 例題1 の算出のとおり（下図参照），マイナスの角度をプラスの角度に修正するため，180°を加算していることを説明するものですが，今後の学習のためには，「⊿X：−，⊿Y：＋であるから第2象限の角度にするため……」という部分をしっかりと理解しておく必要があります。

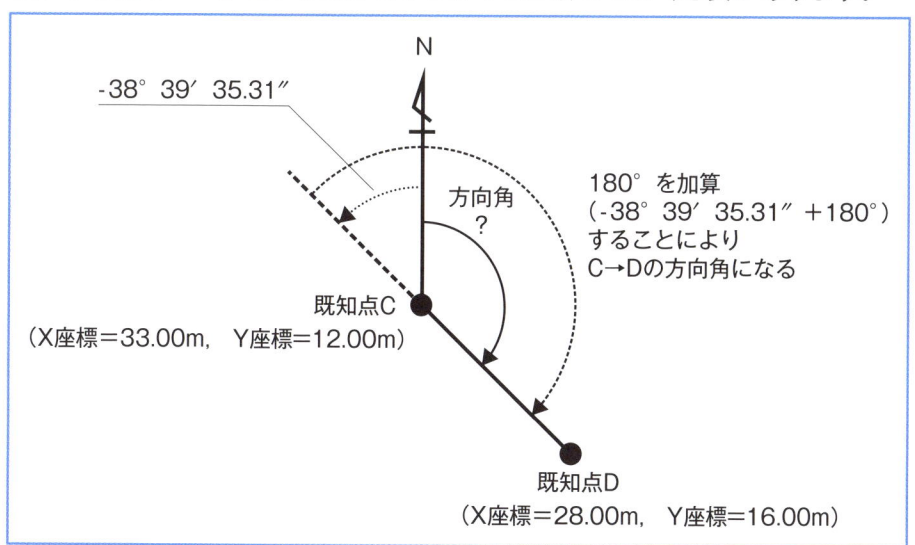

-38° 39′ 35.31″

方向角 ?

180°を加算
(-38° 39′ 35.31″ +180°)
することにより
C→Dの方向角になる

既知点C
(X座標＝33.00m，Y座標＝12.00m)

既知点D
(X座標＝28.00m，Y座標＝16.00m)

　この記述を理解するためには，「象限」という文言の意味から確認していかなければなりません。

ウィキペディアによると、「象限数学の幾何学において、象限あるいは超八分儀とは、平面における四分儀あるいは三次元における八分儀などのようなもので、n-次元ユークリッド空間において定義される。」とされています。調査士試験において三次元を考える必要はないので、次の図の通り平面における4象限を確認しておきましょう。

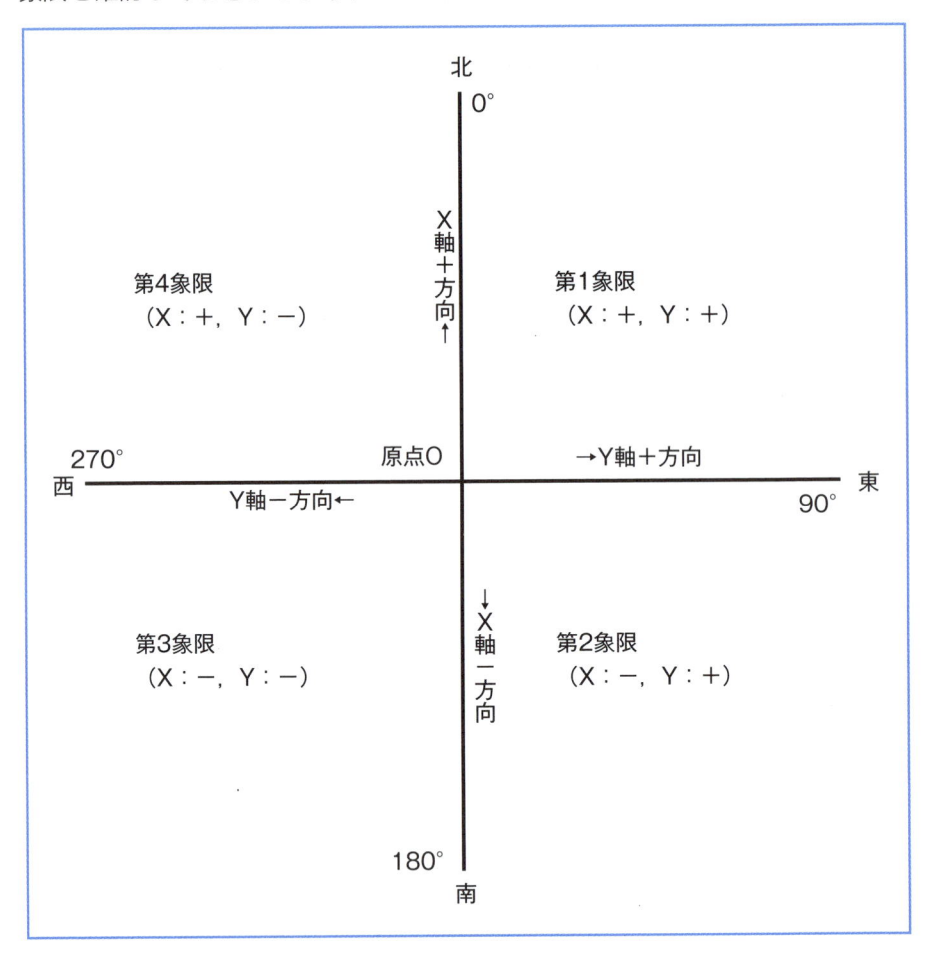

```
                        北
                        0°
                        │
                        │ X軸＋方向 ↑
      第4象限            │            第1象限
     （X：＋，Y：－）      │          （X：＋，Y：＋）
                        │
                        │
  270°                  │                →Y軸＋方向
  ─────────────────── 原点O ─────────────────── 東
  西      Y軸－方向 ←                          90°
                        │
                        │
      第3象限            │            第2象限
     （X：－，Y：－）      │          （X：－，Y：＋）
                        │ ↓ X軸－方向
                        │
                        180°
                        南
```

　象限は、上図の通り4つの象限に分かれており、それぞれ第1象限・第2象限・第3象限・第4象限と呼称されます。
　第1象限：　0°を超え90°までのゾーン。X軸方向、Y軸方向共にプラスの移動。

第2象限： 90°を超え180°までのゾーン。X軸方向はマイナスの移動，Y軸方向はプラスの移動。

第3象限： 180°を超え270°までのゾーン。X軸方向，Y軸方向共にマイナスの移動。

第4象限： 270°を超え360°（0°）までのゾーン。X軸方向はプラスの移動，Y軸方向はマイナスの移動。

> あれ…？
> 座標軸の縦軸が「X」で，横軸が「Y」なんだね…？

> ホントだー！　中学生の時に習った座標軸は縦軸が「Y」で，横軸が「X」だったよね！

> そうですね。
> 測量は南北方向，つまり縦軸をX軸と考えていますので注意してください。

ここで，再度，理解すべき対象となっている記述を確認してみましょう。

「⊿X：−，⊿Y：＋であるから第2象限の角度にするため，180°を加算する。」

「⊿X（デルタエックス）」というのはX軸の移動量を示しており，「⊿Y（デルタワイ）」というのはY軸の移動量を示しています。したがって，上記の記述を変換すると「X軸の移動量がマイナス，Y軸の移動量はプラスであるから……」となるわけです。そして，（X：−，Y：＋）という状態は，第2象限の角度であることが分かりますので，180°を加算してその象限の角度に補正しているのです。

以上から，例題1 では，点Cから点Dをみた場合（点Cを原点と考えた場合），点Dは第2象限に位置する点となり，点C→点Dの方向角は第2象限の角度である90°を超え180°までの角度でなければならないため，-38°39′35.31″と算出された角度に180°を加算し141°20′24.69″と補正することになるのです。

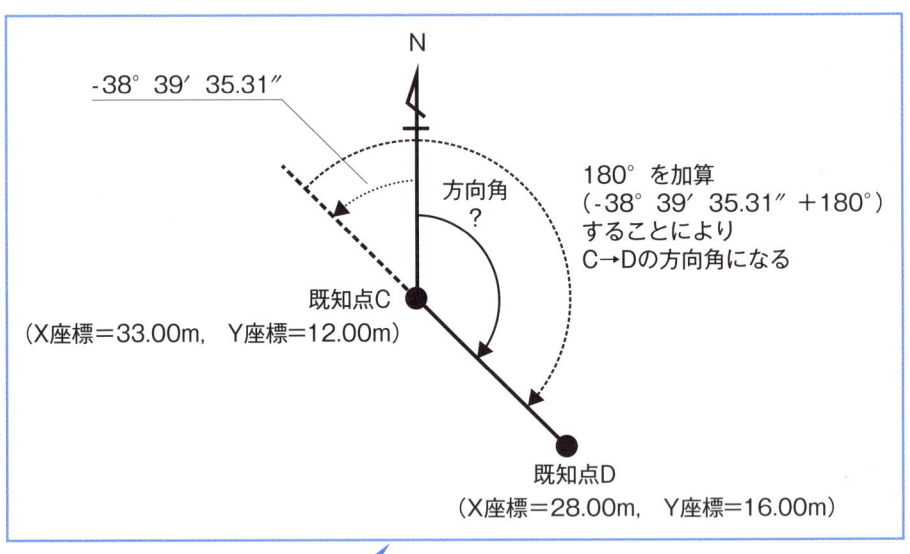

図中の注記：
- -38°39′35.31″
- N
- 方向角？
- 180°を加算（-38°39′35.31″＋180°）することによりC→Dの方向角になる
- 既知点C（X座標＝33.00m，Y座標＝12.00m）
- 既知点D（X座標＝28.00m，Y座標＝16.00m）

わかったー！　点Dは，点Cを原点と考えた場合，第2象限に位置する点ってことになるのね！

そうか……，ということは……，点Cから点Dへの方向角は第2象限の角度になるということか……。

二人とも正解ですよ。点Cから点Dへの方向角は第2象限の角度，すなわち，90°を超えて180°以内の角度であるということになるのです。言い換えれば，-38°39′35.31″と算出された角度を第2象限の角度になるよう調整する方法を考えればいいわけです。ここでは，180°を加算するということになりますね。

では，次に「ΔX：−，ΔY：＋であるから」という記述の見極め方について説明します。再度，例題1 の計算式を見てみましょう。

点Cから点Dへの方向角の算出
点Cから点Dへの方向角
　＝tan⁻¹（D_Y−C_Y）／（D_X−C_X）
　＝tan⁻¹（16.00−12.00）／（28.00−33.00）
　＝-38° 39′ 35.31″
ΔX：−，ΔY：＋であるから第2象限の角度にするため，180°を加算する。
-38° 39′ 35.31″＋180°＝141° 20′ 24.69″

　この式の中で，「（D_Y−C_Y）」という部分があります。この部分は，Y軸方向への移動量を計算しているものであり，この部分の計算結果がプラスであれば「ΔY：＋」となります。この点，（D_Y−C_Y）は（16.00−12.00）であるので，計算結果は（4.00）となり，「ΔY：＋」であることが分かります。
　同様に，「（D_X−C_X）」は（28.00−33.00）であるので，計算結果は（-5.00）となり，「ΔX：−」であることが分かります。
　このように，ΔX及びΔYの計算結果の＋・−を確認すれば点Cからみた点Dは第2象限に位置する点であることが分かるので，

「ΔX：−，ΔY：＋であるから第2象限の角度にするため，180°を加算する。」

という記述になっているのです。

　それでは，以下同様に，例題2 及び 例題3 の場合における日建学院の解説書等の読み方を確認していきましょう。

> **例題2**
>
> 点Eから点Fへの方向角の算出
> 点Eから点Fへの方向角
> $= \tan^{-1}(F_Y - E_Y) / (F_X - E_X)$
> $= \tan^{-1}(35.00 - 50.00) / (44.00 - 50.00)$
> $= 68° 11' 54.93''$
> ⊿X：−，⊿Y：−であるから第3象限の角度にするため，180°を加算する。
> $68° 11' 54.93'' + 180° = 248° 11' 54.93''$

⊿X：$(F_X - E_X) = (44.00 - 50.00) = (-6.00)$なので「⊿X：−」です。
⊿Y：$(F_Y - E_Y) = (35.00 - 50.00) = (-15.00)$なので「⊿Y：−」です。
 ⊿X：−，⊿Y：−は，第3象限であり180°を超え270°までの角度であるはずです。
 ここで，算出された角度（68° 11' 54.93''）は第1象限の角度であるため，第3象限の角度にするため，180°を加算します。
 $68° 11' 54.93'' + 180° = 248° 11' 54.93''$

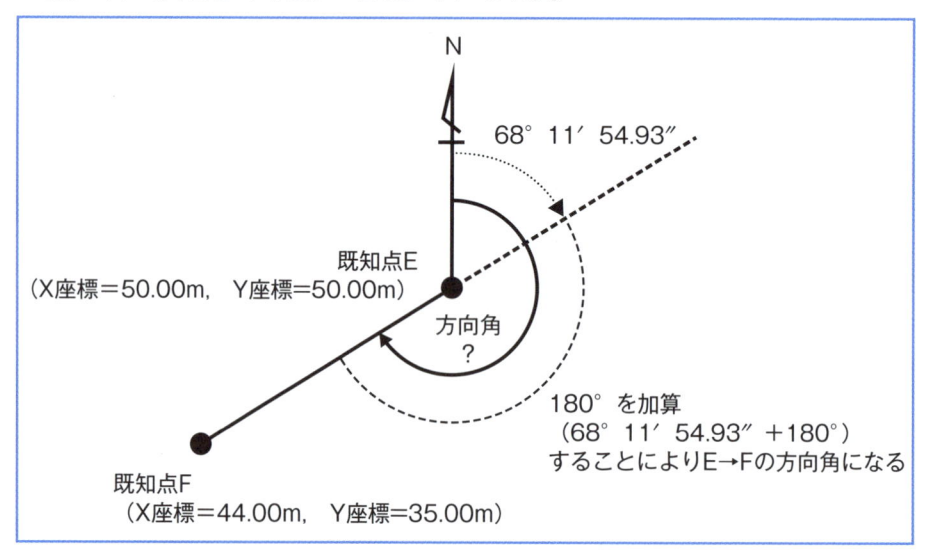

50

> [例題3]
>
> 点Gから点Hへの方向角の算出
> 点Gから点Hへの方向角
> 　$= \tan^{-1} (H_Y - G_Y) / (H_X - G_X)$
> 　$= \tan^{-1} (24.00 - 36.00) / (30.00 - 25.00)$
> 　$= -67° 22' 48.49''$
> $\varDelta X : +, \varDelta Y : -$であるから第4象限の角度にするため，360°を加算する。
> $-67° 22' 48.49'' + 360° = 292° 37' 11.51''$

$\varDelta X : (H_X - G_X) = (30.00 - 25.00) = (5.00)$なので「$\varDelta X : +$」です。
$\varDelta Y : (H_Y - G_Y) = (24.00 - 36.00) = (-12.00)$なので「$\varDelta Y : -$」です。
$\varDelta X : +$，$\varDelta Y : -$は，第4象限であり270°を超え360°までの角度であるはずです。

ここで，算出された角度（$-67° 22' 48.49''$）は第4象限の角度ではありますがマイナスの角度であるため，第4象限の正の角度にするため，360°を加算します。

$-67° 22' 48.49'' + 360° = 292° 37' 11.51''$

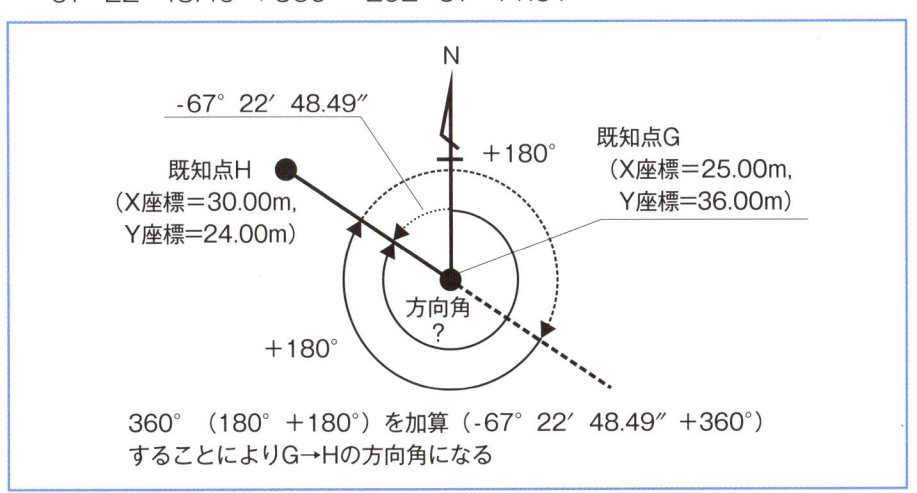

方向角の算出に関する基本的な説明は以上となります。非常に重要な箇所になりますので，しっかりと理解し，瞬間的に補正の方法をイメージできるようにしておきましょう。

だんだん頭がスッキリしてきたよ……。

そうね！　とにかく方向角を知ろうとしている2点が，象限の図において，どのような位置関係にあるかをイメージすることが大切なのね！

そうか……，それがイメージできれば180°を加算すべきとか360°を加算すべきとかが自然に見えてくるようになるのか……。

方向角の計算に慣れない間は大変だと思いますが，根気よく象限の図に2点の位置関係を当てはめて検討していれば，必ず理解できるようになりますよ。

その時は基準となる点を原点に据えて考えることがポイントね！

5 土地の面積（地積）の計算

土地の面積（地積）は，「座標法」という計算方法によって算出します。以下，例示において，その計算方法を確認してください。

例示

下記に示す筆界点Ａ，Ｂ，Ｃ，Ｄで囲まれた土地の地積を求めなさい。

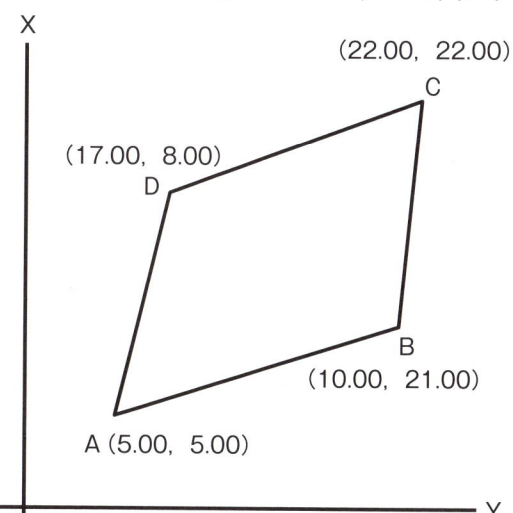

【座標値一覧表（単位：m）】

筆界点	Ｘ座標	Ｙ座標
A	5.00	5.00
B	10.00	21.00
C	22.00	22.00
D	17.00	8.00

【計算例①－表形式】

「（各点のＹ座標値）×（後ろの点のＸ座標値－前の点のＸ座標値）」の合計は面積の２倍になるので，その１／２が，求めるべき地積となります。

求積

筆界	X	Y	$X_{n+1} - X_{n-1}$	$Y_n (X_{n+1} - X_{n-1})$
A	5.00	5.00	-7.00	-35.0000
B	10.00	21.00	17.00	357.0000
C	22.00	22.00	7.00	154.0000
D	17.00	8.00	-17.00	-136.0000
			倍面積	340.0000
			面積	170.0000
			地　積	170.00㎡

【計算例②-略式】

「(各点のＸ座標値)×(後ろの点のＹ座標値－前の点のＹ座標値)」の合計は面積の２倍になるので、その１／２が、求めるべき地積となります。

	A	B	C	D
X	5.00	10.00	22.00	17.00
Y	5.00	21.00	22.00	8.00

X_n　　　　　($Y_{n+1} - Y_{n-1}$)

5.00	×	(	21.00	−	8.00	) =	65.0000
10.00	×	(	22.00	−	5.00	) =	170.0000
22.00	×	(	8.00	−	21.00	) =	-286.0000
17.00	×	(	5.00	−	22.00	) =	-289.0000

　　　　　　　　　　　２A　＝　-340.0000
　　　　　　　　　　　　A　＝　170.0000
　　　　　　　地　積　　　　　170.00㎡

え……，え……，全然ついていけないのですが……。

大丈夫ですよ。とりあえず、土地の面積を算出するための方法を２種類紹介しましたが、言葉で理解する必要はありません。とにかく、実際に面積を計算してみましょう。

２種類の計算方法がありますけど、両方覚えなければいけないのでしょうか……？

試験の解答にあたっては、どちらの方法で算出しても差し支えありません。したがって、最終的にはどちらか一方を覚えればよいことになりますが、ここでは両方の計算方法を試してみてください。

> 両方試してみて自分に合っている方法を採用すればいいのね！

（1）計算例①－表形式の電卓操作

求積

筆界	X	Y	$X_{n+1}-X_{n-1}$	$Y_n(X_{n+1}-X_{n-1})$
A	5.00	5.00	-7.00	-35.0000
B	10.00	21.00	17.00	357.0000
C	22.00	22.00	7.00	154.0000
D	17.00	8.00	-17.00	-136.0000
			倍面積	340.0000
			面積	170.0000
			地　積	170.00㎡

～第1段階：各段の（$X_{n+1}-X_{n-1}$）を算出する～

Aの段の（$X_{n+1}-X_{n-1}$）
10.00（B$_X$）[−] **17.00**（D$_X$）[=] （解：-7.00）
Bの段の（$X_{n+1}-X_{n-1}$）
22.00（C$_X$）[−] **5.00**（A$_X$）[=] （解：17.00）
Cの段の（$X_{n+1}-X_{n-1}$）
17.00（D$_X$）[−] **10.00**（B$_X$）[=] （解：7.00）
Dの段の（$X_{n+1}-X_{n-1}$）
5.00（A$_X$）[−] **22.00**（C$_X$）[=] （解：-17.00）

～第2段階：各段のY$_n$（$X_{n+1}-X_{n-1}$）を算出する～

Aの段のY$_n$（$X_{n+1}-X_{n-1}$）
5.00（A$_Y$）[×] [(−)] **7.00**（Aの段の（$X_{n+1}-X_{n-1}$））[=]
（解：-35.0000）
Bの段のY$_n$（$X_{n+1}-X_{n-1}$）
21.00（B$_Y$）[×] **17.00**（Bの段の（$X_{n+1}-X_{n-1}$））[=]
（解：357.0000）

Cの段のY$_n$（X$_{n+1}$－X$_{n-1}$）
22.00（C$_Y$）**×** **7.00**（Cの段の（X$_{n+1}$－X$_{n-1}$））**=**
（解：154.0000）

Dの段のY$_n$（X$_{n+1}$－X$_{n-1}$）
8.00（D$_Y$）**×** **(-)** **17.00**（Dの段の（X$_{n+1}$－X$_{n-1}$））**=**
（解：-136.0000）

～第3段階：各段のY$_n$（X$_{n+1}$－X$_{n-1}$）を合計する～
(-) **35.0000**（Aの段の算出値）**+** **357.0000**（Bの段の算出値）
+ **154.0000**（Cの段の算出値）**+** **(-)** **136.0000**（Dの段の
算出値）**=**　（解：340.0000（倍面積））

> 座標法により面積を計算すると，必ず，
> いったん「倍面積」が算出されることになります。

～第4段階：第3段階で算出された倍面積を面積にする～
340.0000（第3段階で算出された倍面積）**÷** **2** **=**
（解：170.0000）

(2) 計算例②－略式の電卓操作

	A	B	C	D
X	5.00	10.00	22.00	17.00
Y	5.00	21.00	22.00	8.00

X$_n$		(Y$_{n+1}$－Y$_{n-1}$)					
5.00	×	(	21.00	－	8.00	) =	65.0000
10.00	×	(	22.00	－	5.00	) =	170.0000
22.00	×	(	8.00	－	21.00	) =	-286.0000
17.00	×	(	5.00	－	22.00	) =	-289.0000
					2A	=	-340.0000
					A	=	170.0000
				地　積			170.00㎡

~第1段階：各点のＸ座標値×（後の点のＹ座標値－前の点のＹ座標値）を算出する～

5.00（A_X）[×] [(] 21.00（B_Y）[－] 8.00（D_Y）[)] [＝]
（解：65.0000）
10.00（B_X）[×] [(] 22.00（C_Y）[－] 5.00（A_Y）[)] [＝]
（解：170.0000）
22.00（C_X）[×] [(] 8.00（D_Y）[－] 21.00（B_Y）[)] [＝]
（解：-286.0000）
17.00（D_X）[×] [(] 5.00（A_Y）[－] 22.00（C_Y）[)] [＝]
（解：-289.0000）

～第2段階：第1段階の算出値を合計する～
65.0000 [＋] 170.0000 [＋] [-] 286.0000 [＋] [-] 289.0000 [＝]（解：-340.0000（倍面積））

> あわわ……，倍面積がマイナスで算出されたよ……。

> 私も！ これ，どうしたらいいのかしら？

> それは計算上当たり前に起こることなので，気にすることなくそのまま計算を続けてください。

> マイナスがついていないものとして計算すればいいのね！

～第３段階：第２段階で算出された倍面積を面積にする～
３４０．００００（第２段階で算出された倍面積）÷ 2 =
（解：170.0000）

> 面積計算については，以上のように【表形式】と【略式】があり，どちらを採用しても同じ答えになります。受験対策上，多くの受験生は作業負荷の少ない【略式】を採用していますが，日建学院の模範解答等では見栄えのよい【表形式】を採用しています。
> なお，近年の調査士試験では，土地の面積は計算させるものの，計算式の記載は省略してもよいとされることが増えています。

> 僕は【略式】でいこうかな……。

> 私は見た目がキレイな【表形式】でいくわ！

例題1 下記に示す筆界点A，B，C，D，Eで囲まれた土地の地積を求めなさい。ただし，計算結果は小数点以下第3位の数値を切り捨てること。

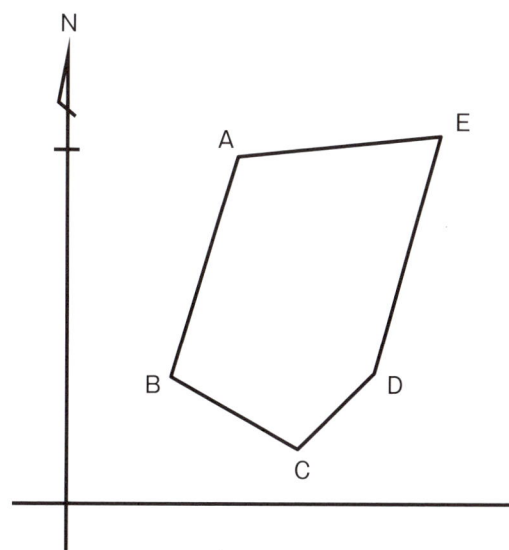

【座標値一覧表（単位：m）】

点名	X座標	Y座標
A	60.44	51.10
B	29.85	41.96
C	21.34	67.64
D	30.86	75.10
E	62.60	80.28

解答 1113.73㎡

計算例①－表形式の電卓操作

求積

筆界	X	Y	$X_{n+1}-X_{n-1}$	$Y_n(X_{n+1}-X_{n-1})$
A	60.44	51.10	-32.75	-1673.5250
B	29.85	41.96	-39.10	-1640.6360
C	21.34	67.64	1.01	68.3164
D	30.86	75.10	41.26	3098.6260
E	62.60	80.28	29.58	2374.6824
			倍面積	2227.4638
			面積	1113.7319
			地積	1113.73㎡

~第1段階:各段の($X_{n+1} - X_{n-1}$)を算出する~

Aの段の($X_{n+1} - X_{n-1}$)
29.85（B_X）[−] 62.60（E_X）[=]　(解:-32.75)
Bの段の($X_{n+1} - X_{n-1}$)
21.34（C_X）[−] 60.44（A_X）[=]　(解:-39.10)
Cの段の($X_{n+1} - X_{n-1}$)
30.86（D_X）[−] 29.85（B_X）[=]　(解:1.01)
Dの段の($X_{n+1} - X_{n-1}$)
62.60（E_X）[−] 21.34（C_X）[=]　(解:41.26)
Eの段の($X_{n+1} - X_{n-1}$)
60.44（A_X）[−] 30.86（D_X）[=]　(解:29.58)

~第2段階:各段のY_n($X_{n+1} - X_{n-1}$)を算出する~

Aの段のY_n($X_{n+1} - X_{n-1}$)
51.10（A_Y）[×] [(−)] 32.75（Aの段の($X_{n+1} - X_{n-1}$)）[=]
　(解:-1673.5250)
Bの段のY_n($X_{n+1} - X_{n-1}$)
41.96（B_Y）[×] [(−)] 39.10（Bの段の($X_{n+1} - X_{n-1}$)）[=]
　(解:-1640.6360)
Cの段のY_n($X_{n+1} - X_{n-1}$)
67.64（C_Y）[×] 1.01（Cの段の($X_{n+1} - X_{n-1}$)）[=]
　(解:68.3164)
Dの段のY_n($X_{n+1} - X_{n-1}$)
75.10（D_Y）[×] 41.26（Dの段の($X_{n+1} - X_{n-1}$)）[=]
　(解:3098.6260)
Eの段のY_n($X_{n+1} - X_{n-1}$)
80.28（E_Y）[×] 29.58（Eの段の($X_{n+1} - X_{n-1}$)）[=]
　(解:2374.6824)

~第3段階：各段のY_n（X_{n+1}－X_{n-1}）を合計する～
[−] １６７３．５２５０（Aの段の算出値）[＋] [−] １６４０．６３６０（Bの段の算出値）[＋] ６８．３１６４（Cの段の算出値）[＋] ３０９８．６２６０（Dの段の算出値）[＋] ２３７４．６８２４（Eの段の算出値）[＝]
（解：2227.4638（倍面積））

~第4段階：第3段階で算出された倍面積を面積にする～
２２２７．４６３８（第3段階で算出された倍面積）[÷] 2 [＝]
（解：1113.7319）

計算例②－略式の電卓操作

	A	B	C	D	E
X	60.44	29.85	21.34	30.86	62.60
Y	51.10	41.96	67.64	75.10	80.28

60.44	×	(	41.96	−	80.28	)	=	-2316.0608
29.85	×	(	67.64	−	51.10	)	=	493.7190
21.34	×	(	75.10	−	41.96	)	=	707.2076
30.86	×	(	80.28	−	67.64	)	=	390.0704
62.60	×	(	51.10	−	75.10	)	=	-1502.4000
					2A	=	-2227.4638
					A	=	1113.7319
					地積		1113.73㎡

~第1段階：各点のX座標値×（後の点のY座標値－前の点のY座標値）を算出する～
６０．４４（A_X）[×] [(] ４１．９６（B_Y）[−] ８０．２８（E_Y）[)] [＝]
（解：-2316.0608）
２９．８５（B_X）[×] [(] ６７．６４（C_Y）[−] ５１．１０（A_Y）[)] [＝]
（解：493.7190）
２１．３４（C_X）[×] [(] ７５．１０（D_Y）[−] ４１．９６（B_Y）[)] [＝]
（解：707.2076）
３０．８６（D_X）[×] [(] ８０．２８（E_Y）[−] ６７．６４（C_Y）[)] [＝]
（解：390.0704）

62.60（E$_X$）× （ 51.10（A$_Y$）− 75.10（D$_Y$） ） =
（解：−1502.4000）

〜第2段階：第1段階の算出値を合計する〜
(−) 2316.0608 + 493.7190 + 707.2076 + 390.0704 + (−) 1502.4000 =
（解：−2227.4638（倍面積））

〜第3段階：第2段階で算出された倍面積を面積にする〜
2227.4638（第2段階で算出された倍面積） ÷ 2 =
（解：1113.7319）

例題2　下記に示す筆界点F，G，Kで囲まれた土地の地積を求めなさい。ただし，計算結果は小数点以下第3位の数値を切り捨てること。

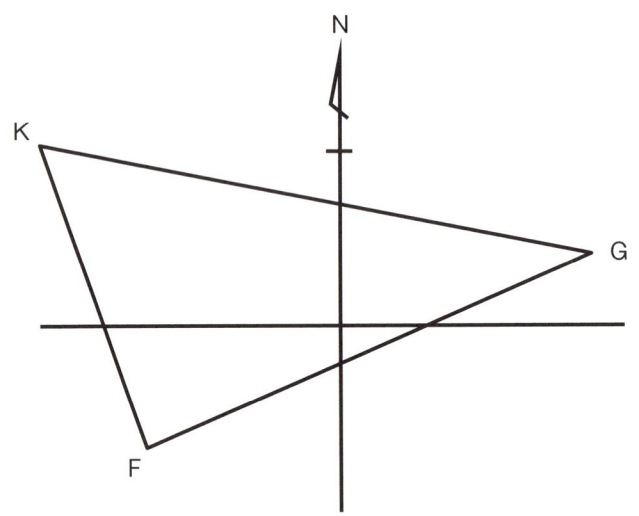

【座標値一覧表（単位：m）】

点名	X座標	Y座標
F	−80.55	−123.12
G	45.45	110.32
K	86.21	−145.23

> マイナスの座標値があっても，そのまま計算します。

解答　20857.15㎡

計算例①－表形式の電卓操作

求積

筆界	X	Y	$X_{n+1} - X_{n-1}$	$Y_n (X_{n+1} - X_{n-1})$
F	-80.55	-123.12	-40.76	5018.3712
G	45.45	110.32	166.76	18396.9632
K	86.21	-145.23	-126.00	18298.9800
			倍面積	41714.3144
			面積	20857.1572
			地　積	20857.15㎡

～第1段階：各段の（$X_{n+1} - X_{n-1}$）を算出する～

Fの段の（$X_{n+1} - X_{n-1}$）
45.45（G_X）**−** **86.21**（K_X）**=**　（解：-40.76）
Gの段の（$X_{n+1} - X_{n-1}$）
86.21（K_X）**−** **(−)** **80.55**（F_X）**=**　（解：166.76）
Kの段の（$X_{n+1} - X_{n-1}$）
(−) **80.55**（F_X）**−** **45.45**（G_X）**=**　（解：-126.00）

～第2段階：各段の$Y_n (X_{n+1} - X_{n-1})$を算出する～

Fの段の$Y_n (X_{n+1} - X_{n-1})$
(−) **123.12**（F_Y）**×** **(−)** **40.76**（Fの段の（$X_{n+1} - X_{n-1}$））**=**
（解：5018.3712）
Gの段の$Y_n (X_{n+1} - X_{n-1})$
110.32（G_Y）**×** **166.76**（Gの段の（$X_{n+1} - X_{n-1}$））**=**
（解：18396.9632）
Kの段の$Y_n (X_{n+1} - X_{n-1})$
(−) **145.23**（K_Y）**×** **(−)** **126.00**（Kの段の（$X_{n+1} - X_{n-1}$））
=　（解：18298.9800）

～第3段階：各段の$Y_n (X_{n+1} - X_{n-1})$を合計する～

5018.3712（Fの段の算出値）**+** **18396.9632**（Gの段の算出値）**+** **18298.9800**（Kの段の算出値）**=**
（解：41714.3144（倍面積））

～第4段階：第3段階で算出された倍面積を面積にする～
41714.3144（第3段階で算出された倍面積）÷ 2 =
（解：20857.1572）

計算例②－略式の電卓操作

	F	G	K
X	-80.55	45.45	86.21
Y	-123.12	110.32	-145.23

-80.55	×	(	110.32	−	-145.23	)	=	-20584.5525
45.45	×	(	-145.23	−	-123.12	)	=	-1004.8995
86.21	×	(	-123.12	−	110.32	)	=	-20124.8624
						2A	=	-41714.3144
						A	=	20857.1572
						地積		20857.15㎡

～第1段階：各点のX座標値×（後の点のY座標値－前の点のY座標値）を算出する～

(-) 80.55（F$_X$）× (110.32（G$_Y$）− (-) 145.23（K$_Y$）
) = （解：-20584.5525）

45.45（G$_X$）× ((-) 145.23（K$_Y$）− (-) 123.12（F$_Y$）
) = （解：-1004.8995）

86.21（K$_X$）× ((-) 123.12（F$_Y$）− 110.32（G$_Y$）)
= （解：-20124.8624）

～第2段階：第1段階の算出値を合計する～
(-) 20584.5525 + (-) 1004.8995 + (-) 20124.8624 =
（解：-41714.3144（倍面積））

～第3段階：第2段階で算出された倍面積を面積にする～
41714.3144（第2段階で算出された倍面積）÷ 2 =
（解：20857.1572）

> 筆界点の点数が何点であっても，計算方法は全て同じなんだ……。

> そうね！　それに，マイナスの座標値がある場合でも，計算方法は全て同じね！

やっとSTEP 1が終わったね……。

やったー！　早く次のSTEPに行きましょ！

そうですね。でも、ちょっと待ってください。
「本書のコンセプト」で説明したとおり、STEP 1の内容は
"必ず修得しなければならない内容"なので、
しっかり復習をするようにしてください。

わかりました……。
でも、どのように復習したらよいのでしょう……？

この後ろに復習用のドリルを設置しておきましたから、それを活用してください。とにかく練習しなければ電卓操作は身につきません。試験の最中に操作方法を思い出そうとするようでは身についているとはいえませんので、頭で考えなくても電卓を操作できるレベルに到達するまで練習しておいてください。

はーい！　"習うより慣れろ"ですね！

STEP 1 復習ドリル

注
- ドリル内に示してある寸法の単位は全て「m（メートル）」です。
- 角度は全て「°′″」で表わしています。
- 既知点の座標値の表示は,例えば「A (11.22, 33.44)」としており,カンマ左側がX座標値を,カンマ右側がY座標値を示しています。

ドリル1 次の建物の床面積を計算しなさい。なお,計算結果は小数点以下第3位を切り捨てること。

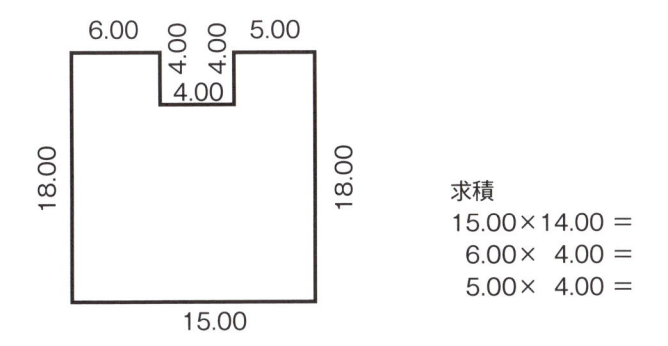

求積
15.00×14.00 ＝
 6.00× 4.00 ＝
 5.00× 4.00 ＝

ドリル2 次の建物の床面積を計算しなさい。なお,計算結果は小数点以下第3位を切り捨てること。

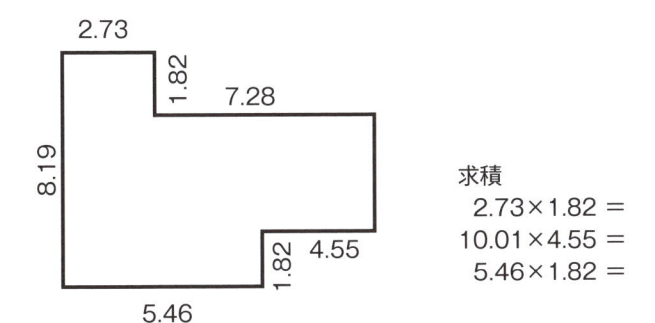

求積
 2.73×1.82 ＝
10.01×4.55 ＝
 5.46×1.82 ＝

ドリル3 次の建物の床面積を計算しなさい。なお，計算結果は小数点以下第3位を切り捨てること。

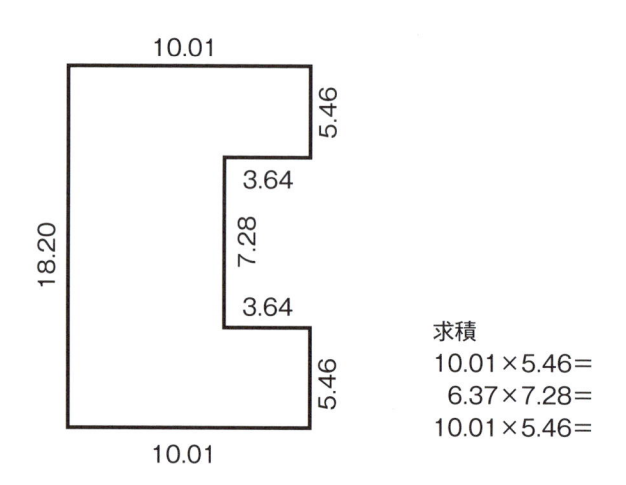

求積
10.01×5.46＝
6.37×7.28＝
10.01×5.46＝

ドリル4 次の2点間の距離を計算しなさい。なお，計算結果は小数点以下第3位を四捨五入すること。

A（505.16，503.71）　　B（517.81，525.62）

ドリル5 次の2点間の距離を計算しなさい。なお，計算結果は小数点以下第3位を四捨五入すること。

D（326.52，315.34）

C（320.31，309.24）

ドリル6 次の2点間の距離を計算しなさい。なお，計算結果は小数点以下第3位を四捨五入すること。

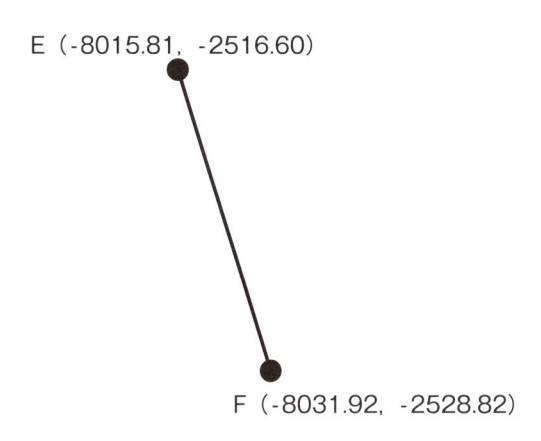

E (-8015.81, -2516.60)

F (-8031.92, -2528.82)

ドリル7 次の図の各筆界点間の距離をそれぞれ計算しなさい。なお，計算結果は小数点以下第3位を四捨五入すること。

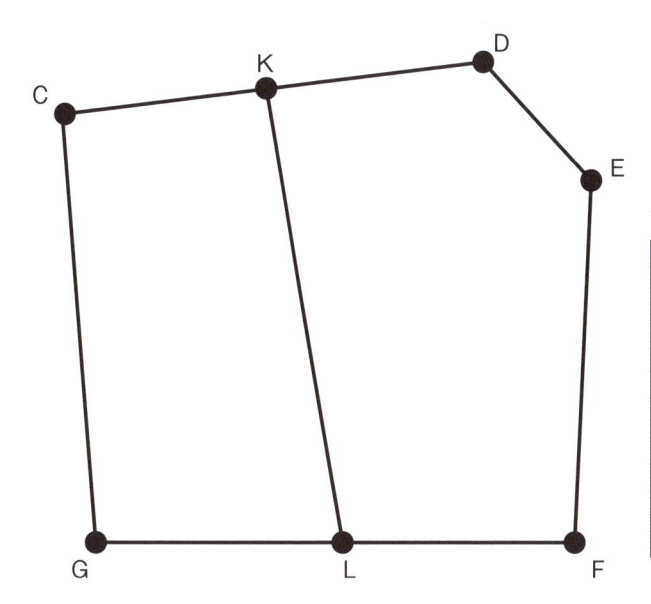

	X座標	Y座標
C	532.49	481.86
G	513.27	484.16
L	513.27	494.28
F	513.27	504.01
E	531.51	504.65
D	534.67	500.24
K	533.69	491.97

ドリル8 次の図における未知点Bの座標値を計算しなさい。なお，計算結果は小数点以下第3位を四捨五入すること。

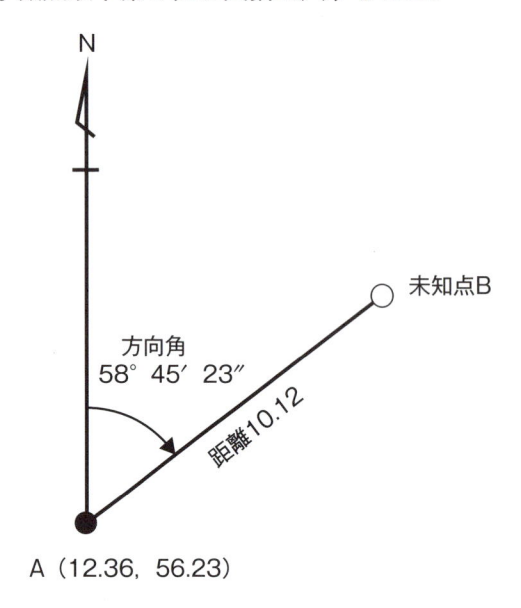

N

方向角
58° 45′ 23″

距離10.12

未知点B

A（12.36，56.23）

ドリル9 次の図における未知点Dの座標値を計算しなさい。なお，計算結果は小数点以下第3位を四捨五入すること。

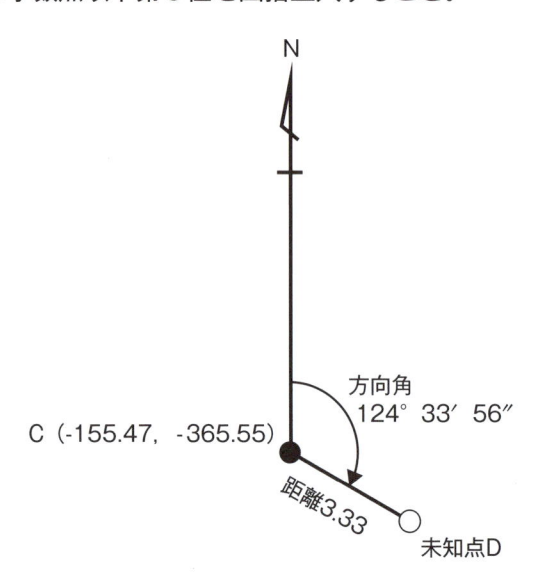

N

C（-155.47，-365.55）

方向角
124° 33′ 56″

距離3.33

未知点D

ドリル10 次の図における未知点Fの座標値を計算しなさい。なお，計算結果は小数点以下第3位を四捨五入すること。

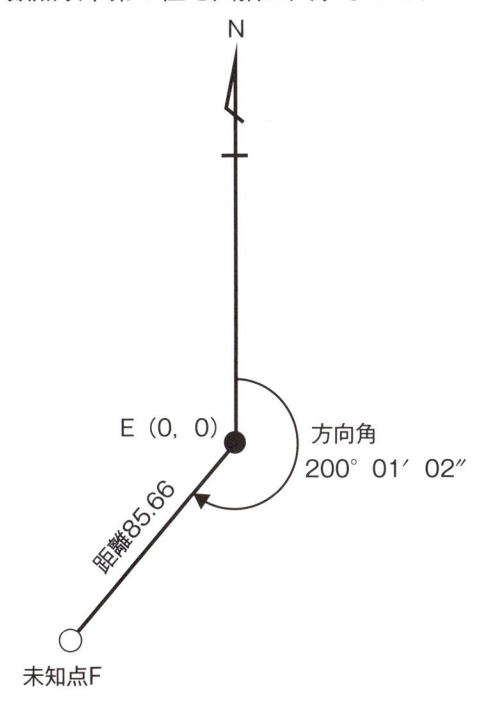

E (0, 0)
方向角 200° 01′ 02″
距離85.66
未知点F

ドリル11 次の図における未知点Hの座標値を計算しなさい。なお，計算結果は小数点以下第3位を四捨五入すること。

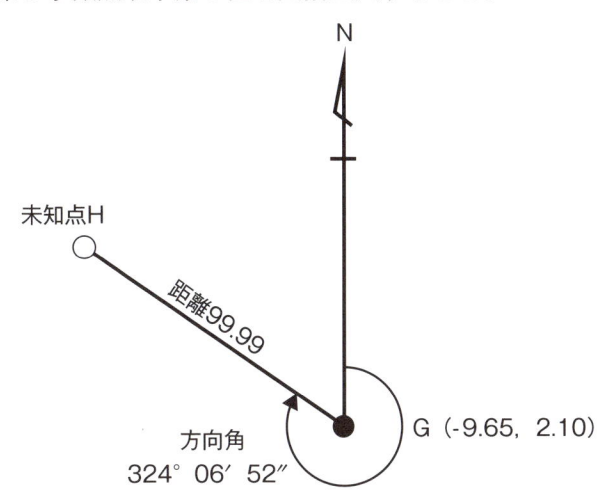

未知点H
距離99.99
方向角 324° 06′ 52″
G (-9.65, 2.10)

ドリル12 次の観測データから，点A，点B，点C，点Dの座標値を算出しなさい。なお，器械点T1の座標値は（100.00, 100.00）とする。

器械点	後視点	測点	水平角	平面距離
T1	—	N	0° 0′ 0″	—
T1	N	A	43° 31′ 12″	6.54
T1	N	B	120° 44′ 6.32″	7.41
T1	N	C	242° 8′ 10.54″	4.56
T1	N	D	323° 41′ 33″	3.69

ドリル13 次の図における点Aから点Bへの方向角 θ を計算しなさい。

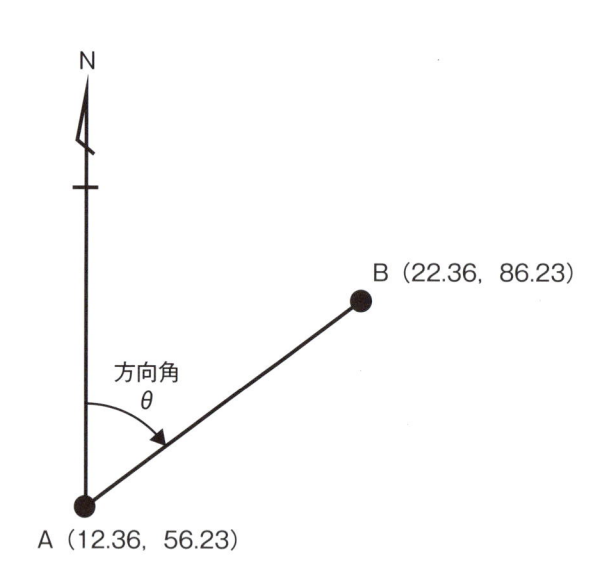

N

B (22.36, 86.23)

方向角 θ

A (12.36, 56.23)

ドリル14　次の図における点Cから点Dへの方向角θを計算しなさい。

N

方向角
θ

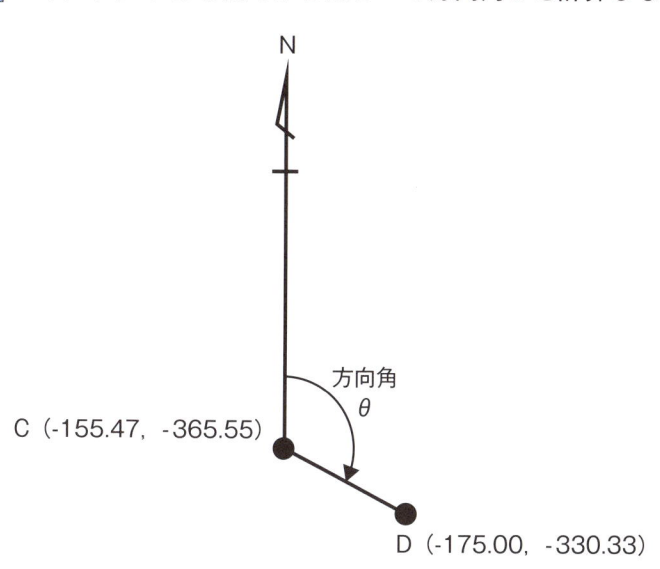

C（-155.47，-365.55）

D（-175.00，-330.33）

ドリル15　次の図における点Eから点Fへの方向角θを計算しなさい。

N

E（0，0）

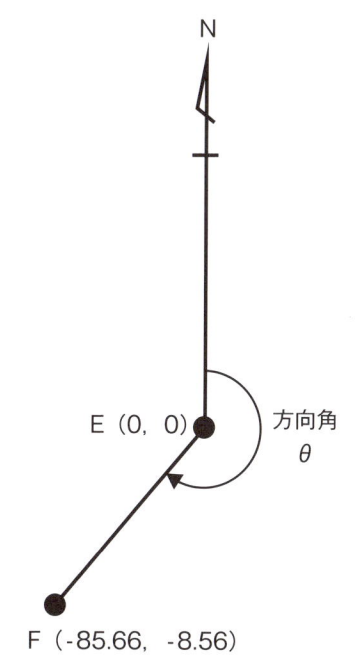

方向角
θ

F（-85.66，-8.56）

ドリル16　次の図における点Gから点Hへの方向角θを計算しなさい。

H（3.44，-5.25）

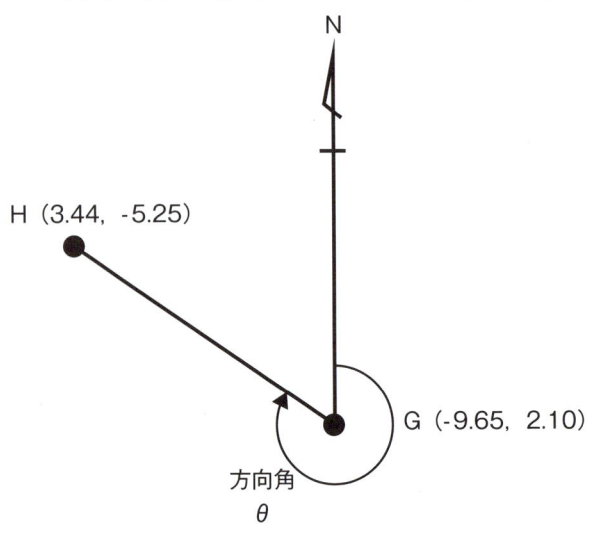

G（-9.65，2.10）

方向角θ

ドリル17　次の図における1番の土地（点A，点B，点C，点D及び点Aで囲まれた部分）と2番の土地（点C，点E，点F，点G，点D及び点Cで囲まれた部分）の面積を計算しなさい。ただし，計算結果は小数点以下第3位を切り捨てること。

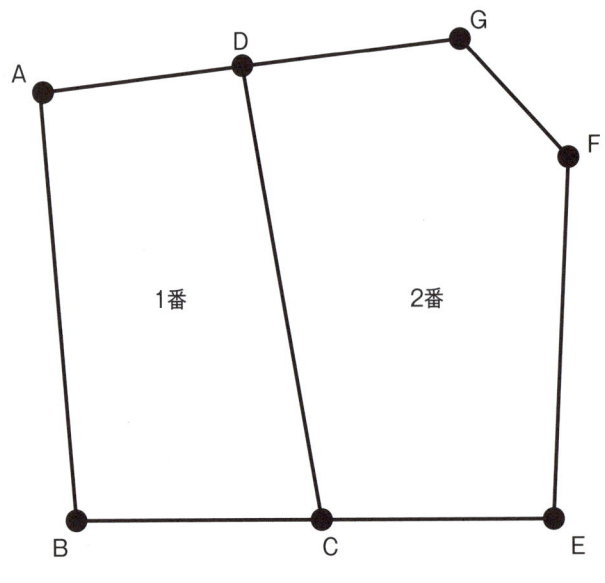

1番　2番

	X座標	Y座標
A	532.49	481.86
B	513.27	484.16
C	513.27	494.28
D	533.69	491.97
E	513.27	504.01
F	531.51	504.65
G	534.67	500.24

ドリル18 次の図における3番の土地(点A,点E,点Q,点P,点C,点B及び点Aで囲まれた部分)と4番の土地(点Q,点D,点P及び点Qで囲まれた部分)の面積を計算しなさい。ただし,計算結果は小数点以下第3位を切り捨てること。

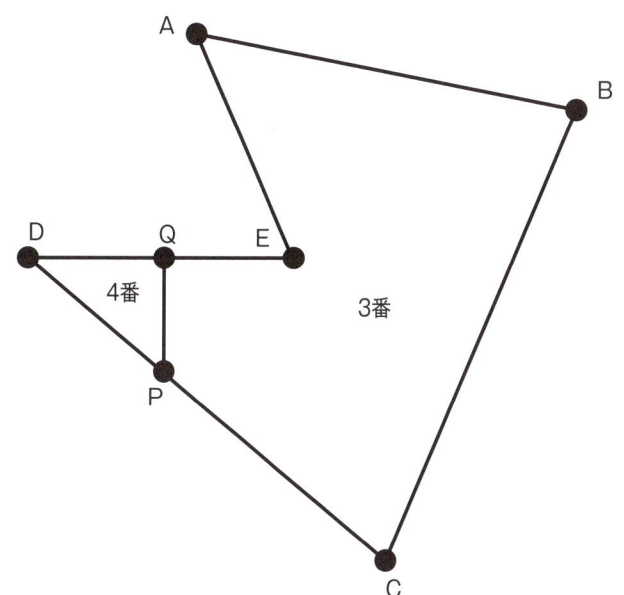

	X座標	Y座標
A	90.28	80.76
B	83.31	97.95
C	65.07	89.04
D	78.12	71.64
E	78.12	85.89
P	71.28	80.76
Q	78.12	80.76

STEP1 復習ドリル 解答

ドリル1 **解答** 254.00㎡
操作1 15.00 [×] 14.00 [=]　（解：210.0000）
操作2 6.00 [×] 4.00 [=]　（解：24.0000）
操作3 5.00 [×] 4.00 [=]　（解：20.0000）
操作4 210.0000 [+] 24.0000 [+] 20.0000 [=]
（解：254.0000）

ドリル2 **解答** 60.45㎡
操作1 2.73 [×] 1.82 [=]　（解：4.9686）
操作2 10.01 [×] 4.55 [=]　（解：45.5455）
操作3 5.46 [×] 1.82 [=]　（解：9.9372）
操作4 4.9686 [+] 45.5455 [+] 9.9372 [=]
（解：60.4513）

ドリル3 **解答** 155.68㎡
操作1 10.01 [×] 5.46 [=]　（解：54.6546）
操作2 6.37 [×] 7.28 [=]　（解：46.3736）
操作3 10.01 [×] 5.46 [=]　（解：54.6546）
操作4 54.6546 [+] 46.3736 [+] 54.6546 [=]
（解：155.6828）

ドリル4 **解答** 25.30m
操作 [√▢] [（] 505.16 [−] 517.81 [）] [x^2] [+] [（] 503.71 [−] 525.62 [）] [x^2] [）] [=]　（解：25.2996166）

ドリル5 **解答** 8.70m
操作 [√▢] [（] 320.31 [−] 326.52 [）] [x^2] [+] [（] 309.24 [−] 315.34 [）] [x^2] [）] [=]　（解：8.704831991）

ドリル6 **解答** 20.22m

操作 √■ (■ (-) 8015.81 ― (-) 8031.92)■ x^2 + (■
(-) 2516.60 ― (-) 2528.82)■ x^2)■ =

（解：20.22029921）

ドリル7 **解答**

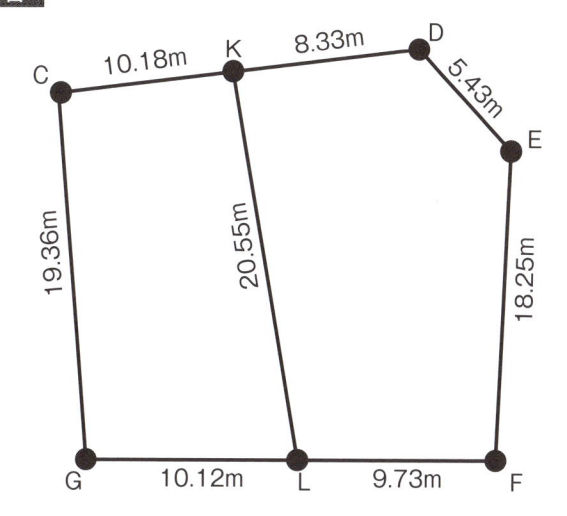

操作 （CG間）：√■ (■ 532.49 ― 513.27)■ x^2 + (■
481.86 ― 484.16)■ x^2)■ =
（解：19.35712789）

操作 （GL間）：√■ (■ 513.27 ― 513.27)■ x^2 + (■
484.16 ― 494.28)■ x^2)■ = （解：10.12）

操作 （LK間）：√■ (■ 513.27 ― 533.69)■ x^2 + (■
494.28 ― 491.97)■ x^2)■ =
（解：20.55024331）

操作 （KC間）：√■ (■ 533.69 ― 532.49)■ x^2 + (■
491.97 ― 481.86)■ x^2)■ =
（解：10.18096754）

操作 （LF間）：√■ (■ 513.27 ― 513.27)■ x^2 + (■
494.28 ― 504.01)■ x^2)■ = （解：9.73）

操作 (FE間)：√☐ ☐(513.27 − 531.51 ☐) x^2 + ☐(
504.01 − 504.65 ☐) x^2 ☐) =
　　(解：18.25122462)

操作 (ED間)：√☐ ☐(531.51 − 534.67 ☐) x^2 + ☐(
504.65 − 500.24 ☐) x^2 ☐) =
　　(解：5.425283403)

操作 (DK間)：√☐ ☐(534.67 − 533.69 ☐) x^2 + ☐(
500.24 − 491.97 ☐) x^2 ☐) =
　　(解：8.327862871)

ドリル8 **解答** B_X=17.61, B_Y=64.88
操作 B_X：12.36 + 10.12 × cos 58 °'" 45 °'" 23 °'"
☐) = (解：17.60902061)
操作 B_Y：56.23 + 10.12 × sin 58 °'" 45 °'" 23 °'"
☐) = (解：64.88229349)

ドリル9 **解答** D_X=-157.36, D_Y=-362.81
操作 D_X：(−) 155.47 + 3.33 × cos 124 °'" 33 °'" 56
°'" ☐) = (解：-157.3592715)
操作 D_Y：(−) 365.55 + 3.33 × sin 124 °'" 33 °'"
56 °'" ☐) = (解：-362.8078196)

ドリル10 **解答** F_X=-80.49, F_Y=-29.32
操作 F_X：0 + 85.66 × cos 200 °'" 01 °'" 02 °'" ☐) =
　　(解：-80.4852599)
操作 F_Y：0 + 85.66 × sin 200 °'" 01 °'" 02 °'" ☐) =
　　(解：-29.32163942)

ドリル11 **解答** H_X=71.36, H_Y=-56.51
操作 H_X：(−) 9.65 + 99.99 × cos 324 °'" 06 °'" 52
°'" ☐) = (解：71.36084221)
操作 H_Y：2.10 + 99.99 × sin 324 °'" 06 °'" 52 °'"
☐) = (解：-56.51095073)

ドリル12 解答

	X座標（m）	Y座標（m）
A	104.74	104.50
B	96.21	106.37
C	97.87	95.97
D	102.97	97.82

操作 A_X：100.00 [+] 6.54 [×] [cos] 43 [°'"] 31 [°'"] 12 [°'"] [)] [=] （解：104.7423767）

操作 A_Y：100.00 [+] 6.54 [×] [sin] 43 [°'"] 31 [°'"] 12 [°'"] [)] [=] （解：104.5034946）

操作 B_X：100.00 [+] 7.41 [×] [cos] 120 [°'"] 44 [°'"] 6.32 [°'"] [)] [=] （解：96.21297567）

操作 B_Y：100.00 [+] 7.41 [×] [sin] 120 [°'"] 44 [°'"] 6.32 [°'"] [)] [=] （解：106.3691873）

操作 C_X：100.00 [+] 4.56 [×] [cos] 242 [°'"] 8 [°'"] 10.54 [°'"] [)] [=] （解：97.86879095）

操作 C_Y：100.00 [+] 4.56 [×] [sin] 242 [°'"] 8 [°'"] 10.54 [°'"] [)] [=] （解：95.96867913）

操作 D_X：100.00 [+] 3.69 [×] [cos] 323 [°'"] 41 [°'"] 33 [°'"] [)] [=] （解：102.9735894）

操作 D_Y：100.00 [+] 3.69 [×] [sin] 323 [°'"] 41 [°'"] 33 [°'"] [)] [=] （解：97.81508211）

参考イメージ図：

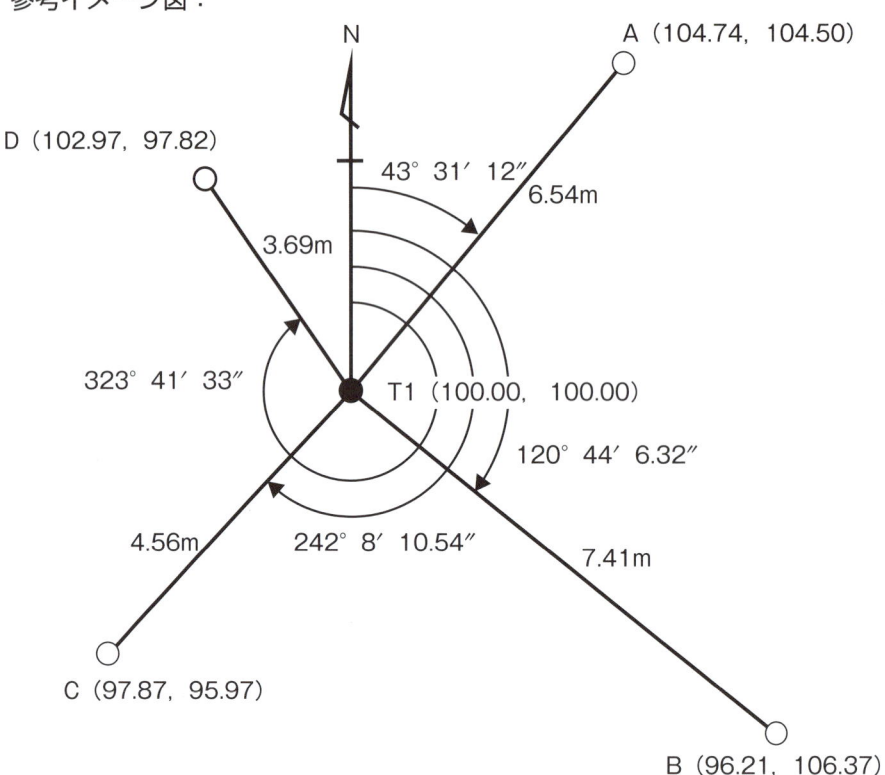

D (102.97, 97.82)
A (104.74, 104.50)
N
43° 31′ 12″
6.54m
3.69m
323° 41′ 33″
T1 (100.00, 100.00)
120° 44′ 6.32″
4.56m
242° 8′ 10.54″
7.41m
C (97.87, 95.97)
B (96.21, 106.37)

ドリル13 解答 71° 33′ 54.18″

操作 ● ⁽ˢʰⁱᶠᵗ⁾ tan （ 86.23 − 56.23 ） ÷ （ 22.36 − 12.36 ） ＝ （解：71.56505118→計算結果を度分秒表示にするため °'" →71° 33′ 54.18″）

ドリル14 解答 119° 0′ 32.41″

操作 ● ⁽ˢʰⁱᶠᵗ⁾ tan （ (−) 330.33 − (−) 365.55 ） ÷ （ (−) 175.00 − (−) 155.47 ） ＝ （解：-60.99099705→計算結果を度分秒表示にするため °'" →-60° 59′ 27.59″）

⊿X：−，⊿Y：＋であるから第2象限の角度にするため，180°を加算する。
-60° 59′ 27.59″＋180°＝119° 0′ 32.41″

ドリル15 **解答** 185° 42′ 23.83″

操作 ● [SHIFT] [tan] [(] [(-)] 8.56 [° ′ ″] 0 [)] [÷] [(] [(-)] 85.66 [° ′ ″] 0 [)]
[=]（解：5.706619599→計算結果を度分秒表示にするため [° ′ ″] →5° 42′ 23.83″）

⊿X：−，⊿Y：−であるから第3象限の角度にするため，180°を加算する。
5° 42′ 23.83″＋180°＝185° 42′ 23.83″

ドリル16 **解答** 330° 41′ 9.26″

操作 ● [SHIFT] [tan] [(] [(-)] 5.25 [° ′ ″] 2.10 [)] [÷] [(] 3.44 [° ′ ″] [(-)] 9.65 [)] [=]（解：-29.31409408→計算結果を度分秒表示にするため [° ′ ″] →-29° 18′ 50.74″）

⊿X：＋，⊿Y：−であるから第4象限の角度にするため，360°を加算する。
-29° 18′ 50.74″＋360°＝330° 41′ 9.26″

ドリル17 **解答** 1番の土地の面積　201.86㎡，
　　　　　　　　　　2番の土地の面積　230.91㎡

1番の土地：計算例①−表形式の電卓操作

	X座標（m）	Y座標（m）	$X_{n+1}-X_{n-1}$	$Y_n(X_{n+1}-X_{n-1})$
A	532.49	481.86	-20.42	-9839.5812
B	513.27	484.16	-19.22	-9305.5552
C	513.27	494.28	20.42	10093.1976
D	533.69	491.97	19.22	9455.6634
			倍面積	403.7246
			面　積	201.8623

〜第1段階：各段の（$X_{n+1}-X_{n-1}$）を算出する〜
Aの段の（$X_{n+1}-X_{n-1}$）
513.27（B_X）[−] 533.69（D_X）[=]　（解：-20.42）
Bの段の（$X_{n+1}-X_{n-1}$）
513.27（C_X）[−] 532.49（A_X）[=]　（解：-19.22）
Cの段の（$X_{n+1}-X_{n-1}$）
533.69（D_X）[−] 513.27（B_X）[=]　（解：20.42）

Dの段の（$X_{n+1} - X_{n-1}$）
532.49（A_X）［−］**513.27**（C_X）［＝］ （解：19.22）

～第2段階：各段のY_n（$X_{n+1} - X_{n-1}$）を算出する～
Aの段のY_n（$X_{n+1} - X_{n-1}$）
481.86（A_Y）［×］［(−)］**20.42**（Aの段の（$X_{n+1} - X_{n-1}$））［＝］
（解：-9839.5812）
Bの段のY_n（$X_{n+1} - X_{n-1}$）
484.16（B_Y）［×］［(−)］**19.22**（Bの段の（$X_{n+1} - X_{n-1}$））［＝］
（解：-9305.5552）
Cの段のY_n（$X_{n+1} - X_{n-1}$）
494.28（C_Y）［×］**20.42**（Cの段の（$X_{n+1} - X_{n-1}$））［＝］
（解：10093.1976）
Dの段のY_n（$X_{n+1} - X_{n-1}$）
491.97（D_Y）［×］**19.22**（Dの段の（$X_{n+1} - X_{n-1}$））［＝］
（解：9455.6634）

～第3段階：各段のY_n（$X_{n+1} - X_{n-1}$）を合計する～
［(−)］**9839.5812**（Aの段の算出値）［＋］［(−)］**9305.5552**（Bの段の算出値）［＋］**10093.1976**（Cの段の算出値）［＋］**9455.6634**（Dの段の算出値）［＝］ （解：403.7246（倍面積））

～第4段階：第3段階で算出された倍面積を面積にする～
403.7246（第3段階で算出された倍面積）［÷］**2**［＝］
（解：201.8623）

1番の土地：計算例②－略式の電卓操作

	A	B	C	D
X	532.49	513.27	513.27	533.69
Y	481.86	484.16	494.28	491.97

532.49	×	(	484.16	−	491.97	)	=	-4158.7469
513.27	×	(	494.28	−	481.86	)	=	6374.8134
513.27	×	(	491.97	−	484.16	)	=	4008.6387
533.69	×	(	481.86	−	494.28	)	=	-6628.4298
						2 A	=	-403.7246
						A	=	201.8623

~第1段階：各点のX座標値×（後の点のY座標値－前の点のY座標値）を算出する~

５３２．４９（A_X）[×] [(] ４８４．１６（B_Y）[−] ４９１．９７（D_Y）[)] [=] （解：-4158.7469）

５１３．２７（B_X）[×] [(] ４９４．２８（C_Y）[−] ４８１．８６（A_Y）[)] [=] （解：6374.8134）

５１３．２７（C_X）[×] [(] ４９１．９７（D_Y）[−] ４８４．１６（B_Y）[)] [=] （解：4008.6387）

５３３．６９（D_X）[×] [(] ４８１．８６（A_Y）[−] ４９４．２８（C_Y）[)] [=] （解：-6628.4298）

~第2段階：第1段階の算出値を合計する~

[-] ４１５８．７４６９ [+] ６３７４．８１３４ [+] ４００８．６３８７ [+] [-] ６６２８．４２９８ [=] （解：-403.7246（倍面積））

~第3段階：第2段階で算出された倍面積を面積にする~

４０３．７２４６（第2段階で算出された倍面積）[÷] ２ [=]
（解：201.8623）

2番の土地：計算例①－表形式の電卓操作

	X座標（m）	Y座標（m）	$X_{n+1} - X_{n-1}$	$Y_n (X_{n+1} - X_{n-1})$
C	513.27	494.28	-20.42	-10093.1976
E	513.27	504.01	18.24	9193.1424
F	531.51	504.65	21.40	10799.5100
G	534.67	500.24	2.18	1090.5232
D	533.69	491.97	-21.40	-10528.1580
			倍面積	461.8200
			面　積	230.9100

～第1段階：各段の（$X_{n+1} - X_{n-1}$）を算出する～

Cの段の（$X_{n+1} - X_{n-1}$）
５１３．２７（E_X）－ ５３３．６９（D_X）＝ （解：-20.42）

Eの段の（$X_{n+1} - X_{n-1}$）
５３１．５１（F_X）－ ５１３．２７（C_X）＝ （解：18.24）

Fの段の（$X_{n+1} - X_{n-1}$）
５３４．６７（G_X）－ ５１３．２７（E_X）＝ （解：21.40）

Gの段の（$X_{n+1} - X_{n-1}$）
５３３．６９（D_X）－ ５３１．５１（F_X）＝ （解：2.18）

Dの段の（$X_{n+1} - X_{n-1}$）
５１３．２７（C_X）－ ５３４．６７（G_X）＝ （解：-21.40）

～第2段階：各段のY_n（$X_{n+1} - X_{n-1}$）を算出する～

Cの段のY_n（$X_{n+1} - X_{n-1}$）
４９４．２８（C_Y）× (−) ２０．４２（Cの段の（$X_{n+1} - X_{n-1}$））＝
（解：-10093.1976）

Eの段のY_n（$X_{n+1} - X_{n-1}$）
５０４．０１（E_Y）× １８．２４（Eの段の（$X_{n+1} - X_{n-1}$））＝
（解：9193.1424）

Fの段のY_n（$X_{n+1} - X_{n-1}$）
５０４．６５（F_Y）× ２１．４０（Fの段の（$X_{n+1} - X_{n-1}$））＝
（解：10799.5100）

Gの段のY_n（$X_{n+1} - X_{n-1}$）

５００．２４（G_Y）　×　２．１８（Gの段の（$X_{n+1} - X_{n-1}$））　＝
（解：1090.5232）
Dの段のY_n（$X_{n+1} - X_{n-1}$）
４９１．９７（D_Y）　×　(−)　２１．４０（Dの段の（$X_{n+1} - X_{n-1}$））　＝
（解：-10528.1580）

～第3段階：各段のY_n（$X_{n+1} - X_{n-1}$）を合計する～
(−)　１００９３．１９７６（Cの段の算出値）　＋　９１９３．１４２４（Eの段の算出値）　＋　１０７９９．５１００（Fの段の算出値）　＋　１０９０．５２３２（Gの段の算出値）　＋　(−)　１０５２８．１５８０（Dの段の算出値）　＝　（解：461.8200（倍面積））

～第4段階：第3段階で算出された倍面積を面積にする～
４６１．８２００（第3段階で算出された倍面積）　÷　２　＝
（解：230.9100）

2番の土地：計算例②－略式の電卓操作

	C	E	F	G	D
X	513.27	513.27	531.51	534.67	533.69
Y	494.28	504.01	504.65	500.24	491.97

513.27	×	(	504.01	−	491.97	)	=	6179.7708
513.27	×	(	504.65	−	494.28	)	=	5322.6099
531.51	×	(	500.24	−	504.01	)	=	-2003.7927
534.67	×	(	491.97	−	504.65	)	=	-6779.6156
533.69	×	(	494.28	−	500.24	)	=	-3180.7924
						2A	=	-461.8200
						A	=	230.9100

～第1段階：各点のX座標値×（後の点のY座標値－前の点のY座標値）を算出する～
５１３．２７（C_X）　×　(　５０４．０１（E_Y）　−　４９１．９７（D_Y）　)
＝　（解：6179.7708）

513.27（E_X）[×][（]504.65（F_Y）[−]494.28（C_Y）[）]
[=]（解：5322.6099）
531.51（F_X）[×][（]500.24（G_Y）[−]504.01（E_Y）[）]
[=]（解：-2003.7927）
534.67（G_X）[×][（]491.97（D_Y）[−]504.65（F_Y）[）]
[=]（解：-6779.6156）
533.69（D_X）[×][（]494.28（C_Y）[−]500.24（G_Y）[）]
[=]（解：-3180.7924）

～第2段階：第1段階の算出値を合計する～
6179.7708 [+] 5322.6099 [+] [−] 2003.7927 [+]
[−] 6779.6156 [+] [−] 3180.7924 [=]
（解：-461.8200（倍面積））

～第3段階：第2段階で算出された倍面積を面積にする～
461.8200（第2段階で算出された倍面積）[÷] 2 [=]
（解：230.9100）

ドリル18　解答　3番の土地の面積　235.29㎡，
　　　　　　　　　4番の土地の面積　31.19㎡

3番の土地：計算例①－表形式の電卓操作

	X座標（m）	Y座標（m）	$X_{n+1} - X_{n-1}$	$Y_n(X_{n+1} - X_{n-1})$
A	90.28	80.76	-5.19	-419.1444
E	78.12	85.89	-12.16	-1044.4224
Q	78.12	80.76	-6.84	-552.3984
P	71.28	80.76	-13.05	-1053.9180
C	65.07	89.04	12.03	1071.1512
B	83.31	97.95	25.21	2469.3195
			倍面積	470.5875
			面　積	235.29375

~第1段階：各段の（$X_{n+1} - X_{n-1}$）を算出する~
Aの段の（$X_{n+1} - X_{n-1}$）
78.12（E_X）[−]**83.31**（B_X）[=]　（解：-5.19）
Eの段の（$X_{n+1} - X_{n-1}$）
78.12（Q_X）[−]**90.28**（A_X）[=]　（解：-12.16）
Qの段の（$X_{n+1} - X_{n-1}$）
71.28（P_X）[−]**78.12**（E_X）[=]　（解：-6.84）
Pの段の（$X_{n+1} - X_{n-1}$）
65.07（C_X）[−]**78.12**（Q_X）[=]　（解：-13.05）
Cの段の（$X_{n+1} - X_{n-1}$）
83.31（B_X）[−]**71.28**（P_X）[=]　（解：12.03）
Bの段の（$X_{n+1} - X_{n-1}$）
90.28（A_X）[−]**65.07**（C_X）[=]　（解：25.21）

~第2段階：各段のY_n（$X_{n+1} - X_{n-1}$）を算出する~
Aの段のY_n（$X_{n+1} - X_{n-1}$）
80.76（A_Y）[×][(−)]**5.19**（Aの段の（$X_{n+1} - X_{n-1}$））[=]
（解：-419.1444）
Eの段のY_n（$X_{n+1} - X_{n-1}$）
85.89（E_Y）[×][(−)]**12.16**（Eの段の（$X_{n+1} - X_{n-1}$））[=]
（解：-1044.4224）
Qの段のY_n（$X_{n+1} - X_{n-1}$）
80.76（Q_Y）[×][(−)]**6.84**（Qの段の（$X_{n+1} - X_{n-1}$））[=]
（解：-552.3984）
Pの段のY_n（$X_{n+1} - X_{n-1}$）
80.76（P_Y）[×][(−)]**13.05**（Pの段の（$X_{n+1} - X_{n-1}$））[=]
（解：-1053.9180）
Cの段のY_n（$X_{n+1} - X_{n-1}$）
89.04（C_Y）[×]**12.03**（Cの段の（$X_{n+1} - X_{n-1}$））[=]
（解：1071.1512）
Bの段のY_n（$X_{n+1} - X_{n-1}$）
97.95（B_Y）[×]**25.21**（Bの段の（$X_{n+1} - X_{n-1}$））[=]
（解：2469.3195）

～第3段階：各段のY$_n$（X$_{n+1}$－X$_{n-1}$）を合計する～

[-] 419.1444（Aの段の算出値）[+] [-] 1044.4224（Eの段の算出値）[+] [-] 552.3984（Qの段の算出値）[+] [-] 1053.9180（Pの段の算出値）[+] 1071.1512（Cの段の算出値）[+] 2469.3195（Bの段の算出値）[=] （解：470.5875（倍面積））

～第4段階：第3段階で算出された倍面積を面積にする～

470.5875（第3段階で算出された倍面積）[÷] 2 [=]
（解：235.29375）

3番の土地：計算例②－略式の電卓操作

	A	E	Q	P	C	B
X	90.28	78.12	78.12	71.28	65.07	83.31
Y	80.76	85.89	80.76	80.76	89.04	97.95

90.28	×	(	85.89	－	97.95	)	=	-1088.7768
78.12	×	(	80.76	－	80.76	)	=	0
78.12	×	(	80.76	－	85.89	)	=	-400.7556
71.28	×	(	89.04	－	80.76	)	=	590.1984
65.07	×	(	97.95	－	80.76	)	=	1118.5533
83.31	×	(	80.76	－	89.04	)	=	-689.8068
						2A	=	-470.5875
						A	=	235.29375

～第1段階：各点のX座標値×（後の点のY座標値－前の点のY座標値）を算出する～

90.28（A$_X$）[×] [(] 85.89（E$_Y$）[-] 97.95（B$_Y$）[)] [=]
（解：-1088.7768）

78.12（E$_X$）[×] [(] 80.76（Q$_Y$）[-] 80.76（A$_Y$）[)] [=]
（解：0）

78.12（Q$_X$）[×] [(] 80.76（P$_Y$）[-] 85.89（E$_Y$）[)] [=]
（解：-400.7556）

71.28（P_X）× (89.04（C_Y）- 80.76（Q_Y）) =
（解：590.1984）
65.07（C_X）× (97.95（B_Y）- 80.76（P_Y）) =
（解：1118.5533）
83.31（B_X）× (80.76（A_Y）- 89.04（C_Y）) =
（解：-689.8068）

～第2段階：第1段階の算出値を合計する～
(-) 1088.7768 + 0 + (-) 400.7556 +
590.1984 + 1118.5533 + (-) 689.8068 =
（解：-470.5875（倍面積））

～第3段階：第2段階で算出された倍面積を面積にする～
470.5875（第2段階で算出された倍面積）÷ 2 =
（解：235.29375）

4番の土地：計算例①－表形式の電卓操作

	X座標（m）	Y座標（m）	$X_{n+1} - X_{n-1}$	$Y_n(X_{n+1} - X_{n-1})$
Q	78.12	80.76	6.84	552.3984
D	78.12	71.64	-6.84	-490.0176
P	71.28	80.76	0	0
			倍面積	62.3808
			面　積	31.1904

～第1段階：各段の（$X_{n+1} - X_{n-1}$）を算出する～
Qの段の（$X_{n+1} - X_{n-1}$）
78.12（D_X）- 71.28（P_X）=（解：6.84）
Dの段の（$X_{n+1} - X_{n-1}$）
71.28（P_X）- 78.12（Q_X）=（解：-6.84）
Pの段の（$X_{n+1} - X_{n-1}$）
78.12（Q_X）- 78.12（D_X）=（解：0）

〜第2段階：各段の$Y_n(X_{n+1}-X_{n-1})$を算出する〜

Qの段の$Y_n(X_{n+1}-X_{n-1})$
80.76（Q_Y）[×] 6.84（Qの段の（$X_{n+1}-X_{n-1}$））[＝]
（解：552.3984）

Dの段の$Y_n(X_{n+1}-X_{n-1})$
71.64（D_Y）[×] [(-)] 6.84（Dの段の（$X_{n+1}-X_{n-1}$））[＝]
（解：-490.0176）

Pの段の$Y_n(X_{n+1}-X_{n-1})$
80.76（P_Y）[×] 0（Pの段の（$X_{n+1}-X_{n-1}$））[＝]（解：0）

〜第3段階：各段の$Y_n(X_{n+1}-X_{n-1})$を合計する〜
552.3984（Qの段の算出値）[＋] [(-)] 490.0176（Dの段の算出値）[＋] 0（Pの段の算出値）[＝]（解：62.3808（倍面積））

〜第4段階：第3段階で算出された倍面積を面積にする〜
62.3808（第3段階で算出された倍面積）[÷] 2 [＝]（解：31.1904）

4番の土地：計算例②ー略式の電卓操作

	Q	D	P
X	78.12	78.12	71.28
Y	80.76	71.64	80.76

78.12	×	(	71.64	−	80.76	)	=	-712.4544
78.12	×	(	80.76	−	80.76	)	=	0
71.28	×	(	80.76	−	71.64	)	=	650.0736
						2 A	=	-62.3808
						A	=	31.1904

〜第1段階：各点のX座標値×（後の点のY座標値ー前の点のY座標値）を算出する〜

78.12（Q_X）[×] [(] 71.64（D_Y）[−] 80.76（P_Y）[)] [＝]
（解：-712.4544）

７８．１２（D_X）[×] [(] ８０．７６（P_Y）[−] ８０．７６（Q_Y）[)] [=]
（解：0）
７１．２８（P_X）[×] [(] ８０．７６（Q_Y）[−] ７１．６４（D_Y）[)] [=]
（解：650.0736）

～第2段階：第1段階の算出値を合計する～
[(−)] ７１２．４５４４ [+] ０ [+] ６５０．０７３６ [=]
（解：-62.3808（倍面積））

～第3段階：第2段階で算出された倍面積を面積にする～
６２．３８０８（第2段階で算出された倍面積）[÷] ２ [=]　（解：31.1904）

STEP 2
応用操作の修得

Lesson 5 応用操作

Lesson 6 応用演習

復習ドリル

Lesson 5　応用操作

　STEP1　Lesson4までの内容で，土地家屋調査士試験で要求される基本的な関数電卓の操作方法は，ほぼ全てマスターしたことになります。

　この章からは，本機が有する便利な機能を紹介していきますが，その内容をマスターしなければ土地家屋調査士試験に対応できないというわけではありません。

　したがって，まずはSTEP1　Lesson4までの内容をしっかりと修得した上で，本章以降を確認し，自分に必要な操作方法を効率よく身につけていくようにしてください。

1　リプレイ機能

　本機では，計算を実行するごとに，入力した計算式と計算結果がセットで記録され，REPLAYボタン（十字キーの▲）を押すごとに順次さかのぼって計算履歴を表示させることができます。これによって入力した計算式に間違いがないかチェックすることができます。

　また，表示させた計算式は，◀や▶を押すことによって編集可能な状態となり，「Lesson3　3　入力中文字の訂正」で紹介した操作によって，訂正することができます。

|例示|

(1) まず，次に示す①〜⑤の式を順次入力・計算をしてください。
　①式：100.00＋5.00×cos30°＝104.330127
　②式：111.11＋8.00×sin45°＝116.7668542
　③式：222.22＋10.00×cos60°＝227.22
　④式：333.33＋15.00×sin90°＝348.33
　⑤式：444.44＋20.00×cos150°
　　　＝427.1194919

> 次の式の入力に移行する際は，AC を押しても押さなくてもよいです。

(2) ▲ を入力し，訂正する式を表示させる。

　ここでは，③式のcosをsinに訂正してみましょう。

　▲ を1回入力すると④式が表示されるはずです。

　さらに ▲ を1回入力すると③式が表示されるはずです。

　上の写真のように，③式が表示されている状態で ◀ を押してみてください。

　挿入モードの場合は「(60°」の後ろに「｜」が点滅しているはずです。上書きモードの場合は，「＿」が点滅しているはずです。

　そのカーソルを ◀ キーを使ってcosの位置に移動してください（挿入モードは「60°」の左側に，上書きモードは「c」の下側にカーソルがきます。）。

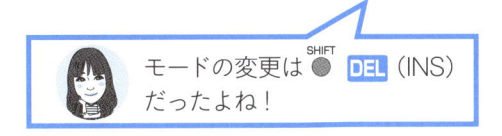

> モードの変更は ● DEL (INS) だったよね！

　その「cos」を「sin」に変更し，= を押して計算結果「230.880254」を得てください（挿入モードは DEL sin = ，上書きモードは sin = と入力します。）。

> 一度，電源をOFFにすると，記憶されていた式は全て消去されてしまうんだ……。

② Ans キーについて

本機では，計算結果を自動的にメモリー（記憶）しています。

例えば，1＋1＝2と計算した場合，計算結果である「2」が Ans にメモリーされています。これを確認するため，次のように計算してみてください。

操作1 1 ＋ 1 ＝ （計算結果は「2」）
操作2 Ans ＋ 3 ＝ （計算結果は「5」）

> この Ans キーに操作1の計算結果である「2」がメモリー（記憶）されているので，2＋3を計算していることになるのね！

> 操作1から操作2に移行する場合には，AC キーで操作1の計算結果をクリアすることなく操作2に移行することができます。

操作3 Ans ＋ 5 ＝ （計算結果は「10」）

> そうか……，この Ans キーに操作2の計算結果である「5」がメモリー（記憶）されているので，5＋5を計算していることになるんだ……。

③ メモリーについて

本機には，数値や計算結果をメモリー（記憶）させておくことができます。メモリー数は9個で，盤面赤色文字記載の「A」「B」「C」「D」「E」「F」「M」「x」「y」にそれぞれ数値や計算結果を格納することができます。

(1) 各メモリーへの格納

各メモリーへの格納操作は，数値 STO 各メモリーの対応キー となります。

それでは，実際に数値を格納してみましょう（なお，ここでは「x」「y」メモリーは使用しません。「x」「y」メモリーについては後の項で詳述します。）。

操作1 1.11 STO (−) （「A」）（「1.11」がAメモリーに格納された。）
操作2 2.22 STO ° ′ ″ （「B」）（「2.22」がBメモリーに格納された。）
操作3 3.33 STO x^{-1} （「C」）（「3.33」がCメモリーに格納された。）
操作4 4.44 STO sin （「D」）（「4.44」がDメモリーに格納された。）

操作5 5.55 [STO] [cos]（「E」）（「5.55」がEメモリーに格納された。）
操作6 6.66 [STO] [tan]（「F」）（「6.66」がFメモリーに格納された。）
操作7 8.88 [−] 1.11 [=] [STO] [M+]（「M」）（「7.77」がMメモリーに格納された。）

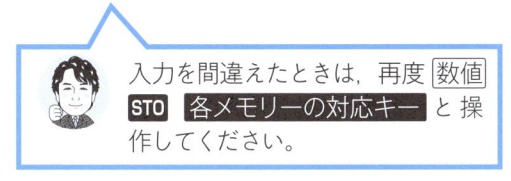

> 入力を間違えたときは，再度 [数値] [STO] [各メモリーの対応キー] と操作してください。

（2）格納されている数値の呼び出し

格納されたメモリーの数値を呼び出す操作は，●(SHIFT) [STO]（RECALL）となります。

画面表示は次のとおりです。

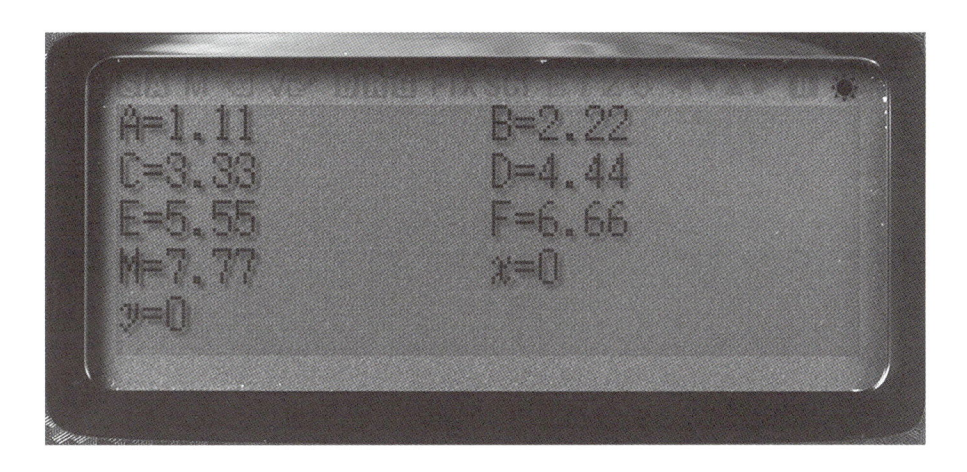

```
A=1.11        B=2.22
C=3.33        D=4.44
E=5.55        F=6.66
M=7.77        x=0
y=0
```

それぞれのメモリーに格納されている数値が表示されています。確認ができたら一度 [AC] キーで画面表示をクリアしてください（メモリーは消去されません。）。

では，この格納された数値を利用して計算をしてみましょう。

例1 Aメモリー「1.11」＋Bメモリー「2.22」＝3.33
操作1 ●(SHIFT) [STO] [(−)]（「A」）[＋] ●(SHIFT) [STO] [° ' '']（「B」）[＝]　（解：3.33）
例2 Cメモリー「3.33」−Dメモリー「4.44」＝-1.11

|操作2| ●SHIFT [STO] [x^{-1}]（「C」）[-] ●SHIFT [STO] [sin]（「D」）[=]　（解：-1.11）
例3　Eメモリー「5.55」×Fメモリー「6.66」＝36.963
|操作3| ●SHIFT [STO] [cos]（「E」）[×] ●SHIFT [STO] [tan]（「F」）[=]　（解：36.963）

(3) 格納されている数値による計算

(2)のように，いったん全てのメモリーを呼び出してから計算することもできますが，それを省略して計算することもできます。

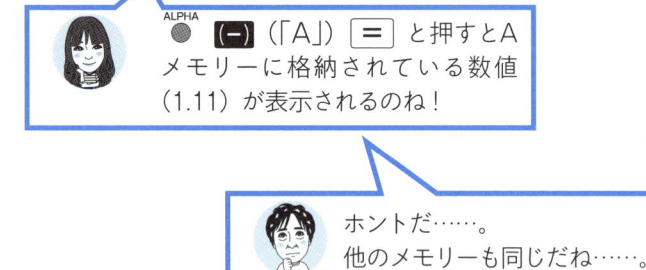

例1　Aメモリー「1.11」＋Bメモリー「2.22」＝3.33
|操作1| ●ALPHA [(-)]（「A」）[+] ●ALPHA [・, "]（「B」）[=]　（解：3.33）

> ●ALPHA [(-)]（「A」）[=] と押すとAメモリーに格納されている数値(1.11)が表示されるのね！

> ホントだ……。
> 他のメモリーも同じだね……。

例2　Cメモリー「3.33」－Dメモリー「4.44」＝-1.11
|操作2| ●ALPHA [x^{-1}]（「C」）[-] ●ALPHA [sin]（「D」）[=]　（解：-1.11）
例3　Eメモリー「5.55」×Fメモリー「6.66」＝36.963
|操作3| ●ALPHA [cos]（「E」）[×] ●ALPHA [tan]（「F」）[=]　（解：36.963）

(4) [M+]キーを活用した計算

[M+]キーは，計算結果をMメモリーに加算することができます。

では，「1.02＋1.21＝2.23」という計算結果をMメモリーに加算してみましょう。現状のMメモリーには「7.77」が格納されていますので，操作後のMメモリーは「10」になるはずです。

|操作|　1.02 [+] 1.21 [=] [M+]

画面表示は次のとおりです。

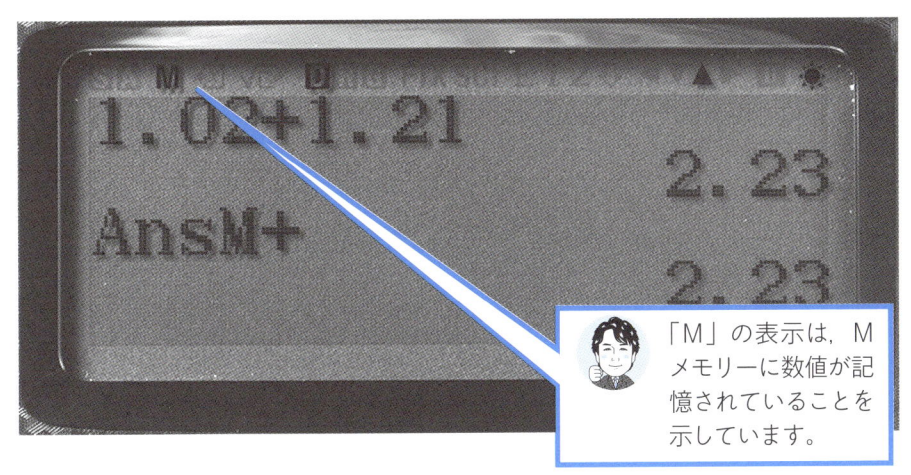

「M」の表示は、Mメモリーに数値が記憶されていることを示しています。

では、Mメモリーの数値を確認してみましょう。
操作 ● ^SHIFT STO (「RECALL」)
「M=10」と表示されていれば操作は完了です。

なお、計算結果をMメモリーから減算するには、●^SHIFT M+ (「M-」) と操作します。

では、「2+3=5」という計算結果をMメモリーから減算してみましょう。現状のMメモリーには「10」が格納されていますので、操作後のMメモリーは「5」になるはずです。
操作 2 + 3 = ●^SHIFT M+ (「M-」)

画面表示は次のとおりです。

では，Mメモリーの数値を確認してみましょう。

操作　● STO （「RECALL」）
「M＝5」と表示されていれば操作は完了です。

(5) 特定メモリーの消去

特定のメモリーを消去するには，**0 STO 各メモリーの対応キー** と押します。

例1　Aメモリー「1.11」を消去する。
操作1　0 STO (−) （「A」）
例2　Bメモリー「2.22」を消去する。
操作2　0 STO ｡,,, （「B」）

では，AメモリーとBメモリーがクリアされたかを確認してみましょう。
操作　● STO （「RECALL」）

次の写真のように，A＝0，B＝0となっていれば，Aメモリー及びBメモリーはクリアされています。

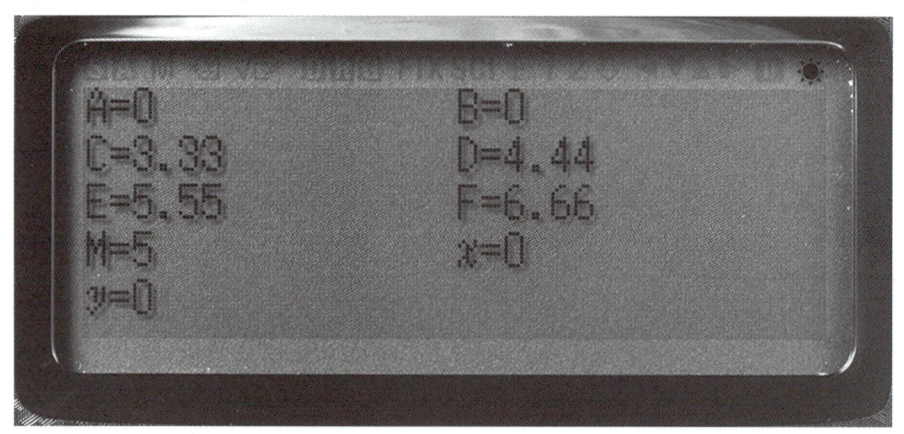

```
A=0            B=0
C=3.33         D=4.44
E=5.55         F=6.66
M=5            x=0
y=0
```

(6) 全メモリーの消去

全メモリーを消去するには，● 9 2 ＝ AC と押します。

> この 9 は ● を押した後だから，盤面黄色文字の「RESET」か……。

では，全てのメモリーがクリアされたかを確認してみましょう。

操作　● SHIFT STO （「RECALL」）

次の写真のように，全てのメモリーが0となっていれば，全てのメモリーがクリアされています。

```
A=0          B=0
C=0          D=0
E=0          F=0
M=0          x=0
y=0
```

> メモリーって，とっても便利ね！

> そうですね。現在では，ほぼ全ての受験生が活用していると言っていいでしょう。

> でも……どこに何を記憶させたか混乱してしまいそうです……。

> 大丈夫よ，よしゆきさん！　さっき，各メモリーの一覧がディスプレイ上に表示されていたじゃない！

> そうですね。それに，混乱する不安があるのであれば，操作に慣れるまでは，どのメモリーに何の数値を記憶させたかを，自分なりにメモを取りながら使っていくとよいと思います。

4 座標変換機能（極座標と直交座標）

　距離と方向角が分かっているときは，本機の「座標変換（極座標⇔直交座標）」機能を使って，簡単に座標値が求められます。なお，極座標とは，平面上の一点を，ある点からの距離（r）と角度（θ）によって表したものです。本機では，極座標と直交座標を相互に変換することができます。

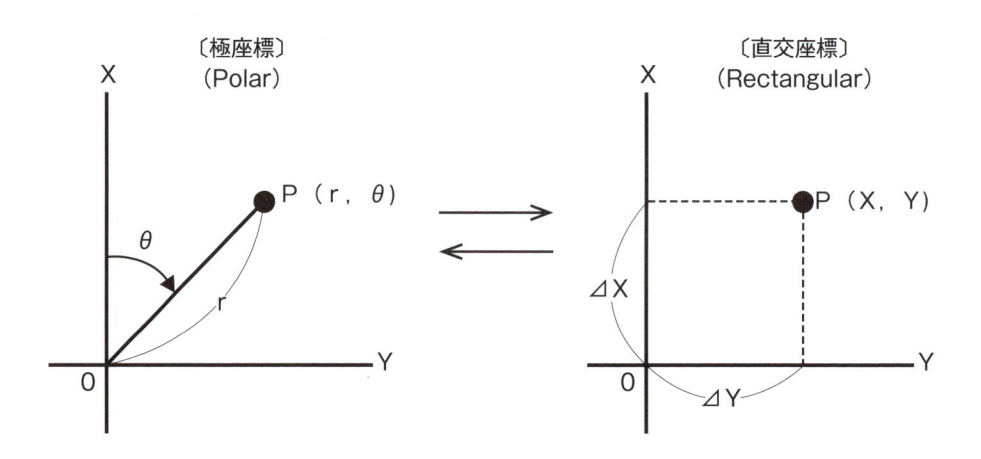

〔極座標〕（Polar）　　　　〔直交座標〕（Rectangular）

P (r, θ)　　　　　　　　　P (X, Y)

> 極座標…？　直交座標…？
> もう…ワケがわからなくなりそうです……。

> 大丈夫ですよ。別に用語を覚えなくても，電卓の操作方法を覚えていくうちに，だんだんと意味がわかるようになっていきますから。

> そうよ！とにかく，やってみましょ！

（1）極座標から直交座標への変換（以下，「Rec変換」といいます。）

基本的な操作は，●̇SHIFT [−]（「Rec」）「距離の入力」●̇SHIFT [ )]（「, 」）「角度の入力」[°'''] [ )] [=] となります。以下の例示で具体的に確認してみましょう。

例示 点A（X＝5.00，Y＝3.00）からの距離が24.00m，方向角が60°であるB点の座標値をRec変換により求めなさい。

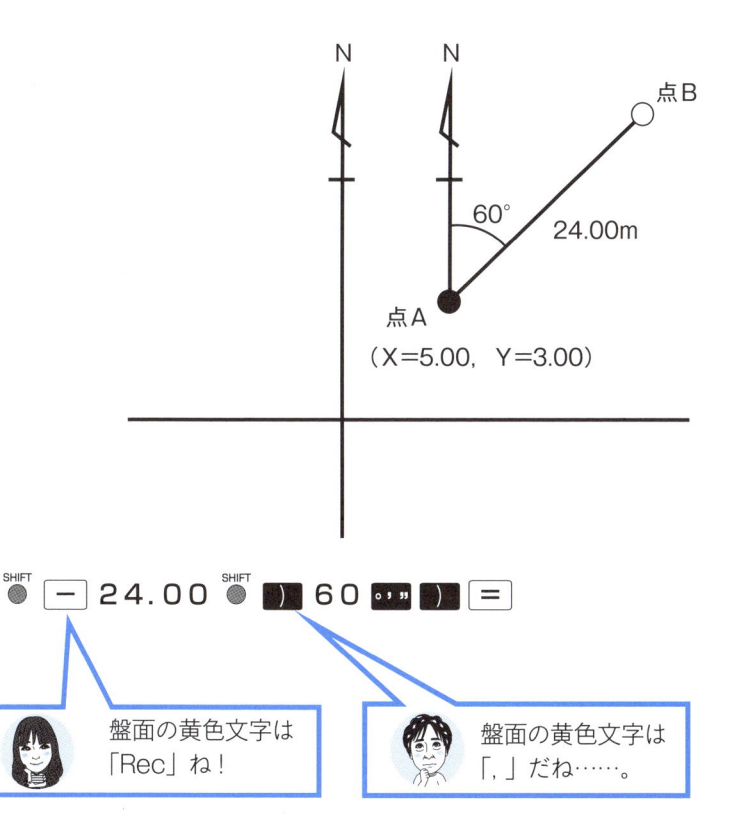

●̇SHIFT [−] 24.00 ●̇SHIFT [ )] 60 [°'''] [ )] [=]

盤面の黄色文字は「Rec」ね！

盤面の黄色文字は「, 」だね……。

上記のように入力すると，次の写真のとおりの画面表示となります。

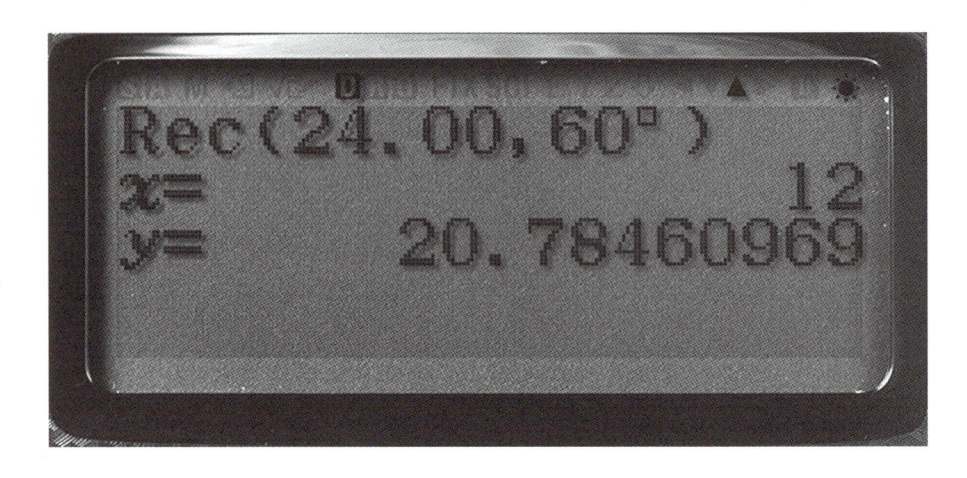

ここで、「$x=12$」という計算結果は、点Aから点BへのXの移動量（⊿X）を示しています。また、「$y=20.78460969$」という計算結果は、点Aから点BへのYの移動量（⊿Y）を示しています。そして、これらの計算値は自動でxメモリー及びyメモリーにそれぞれ格納されています。これを確かめるため ● 〔STO〕（「RECALL」）と押してみてください。「$x=12$」「$y=20.7846096$」と表示されているはずです。

> ホントだ！

> 自動で覚えてくれるなんてスゴイなぁ……。

　それでは、点Bの座標値を算出しましょう。

　点Aから点Bへの⊿X及び⊿Yは算出できていますので、点AのX座標値及びY座標値にそれを加算すれば点Bの座標値となります。
B_X＝点AのX座標値（5.00）＋12（xメモリー）
B_Y＝点AのY座標値（3.00）＋20.7846096（yメモリー）

操作

B_X：**5.00** 〔+〕 ● 〔)〕（「x」）〔=〕　（解：17）
B_Y：**3.00** 〔+〕 ● 〔S⇔D〕（「y」）〔=〕　（解：23.78460969）

> ここでは、メモリーを呼び出して加算していますが、それぞれの計算値「12」及び「20.78460969」を自分で入力しても構いません。

したがって，点BのX座標値は17.00m，Y座標値は23.78mとなります。

例題1 点C（X＝6.00，Y＝10.00）からの距離が30.00m，方向角が120°である点Dの座標値をRec変換により求めなさい。なお，座標値は，計算結果の小数点以下第3位を四捨五入すること。

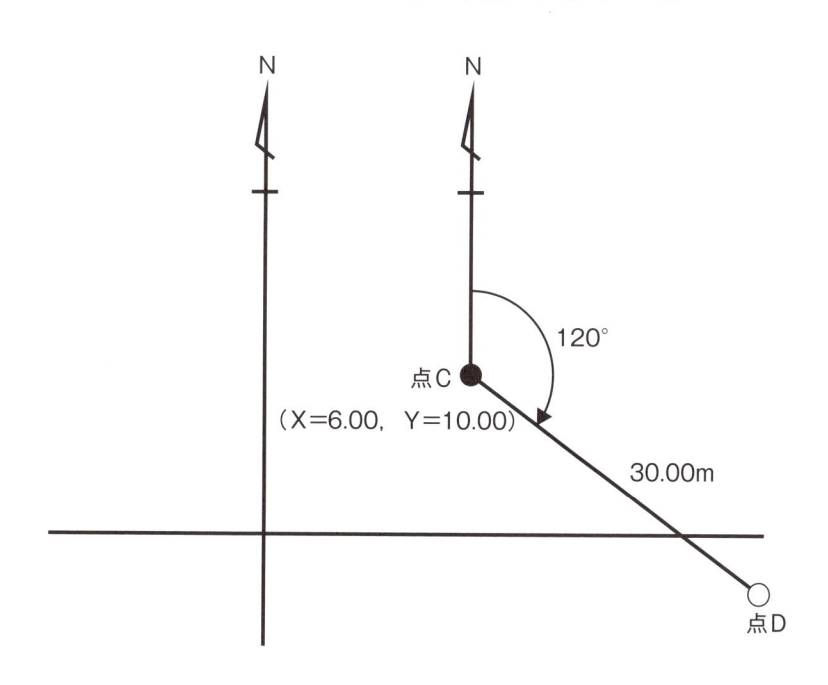

解答 D_X＝-9.00m, D_Y＝35.98m

操作1
● [SHIFT] [−] 30 ● [SHIFT] [)] 120 [°' "] [)] [＝] （x＝-15, y＝25.98076211）

操作2
D_X: 6.00 [＋] ● [ALPHA] [)] （「x」）[＝] （-9.00）
D_Y: 10.00 [＋] ● [ALPHA] [S⇔D] （「y」）[＝] （35.98076211）

105

例題2 点E（X＝100.00，Y＝100.00）からの距離が18.258m，方向角が263°23′20″である点Fの座標値をRec変換により求めなさい。なお，座標値は，計算結果の小数点以下第3位を四捨五入すること。

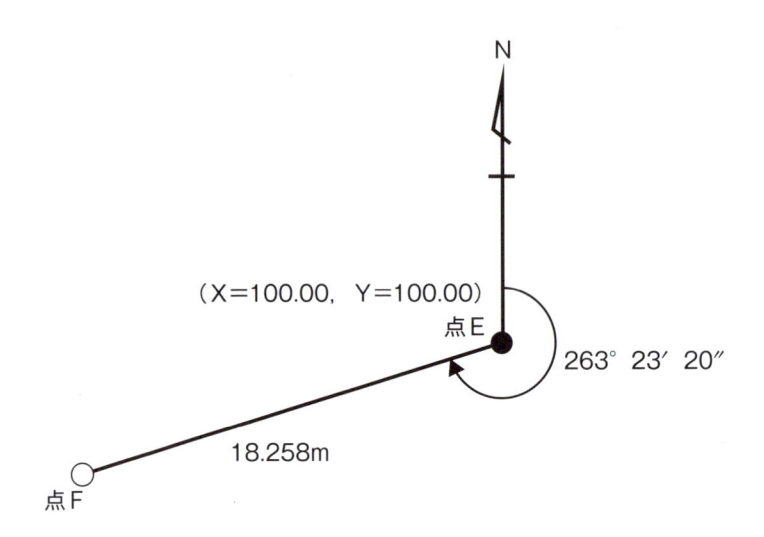

解答 F_X＝97.90m，F_Y＝81.86m

操作1

● [−] 18.258 ● [)] 263 [°′″] 23 [°′″] 20 [°′″] [)] [=]
（x＝-2.102039681，y＝-18.13659266）

操作2

F_X：100.00 [+] ● [)]（「x」）[=]　（解：97.89796032）
F_Y：100.00 [+] ● [S⇔D]（「y」）[=]　（解：81.86340734）

(2) 直交座標から極座標への変換（以下，「Pol変換」といいます。）

基本的な操作は，●̇SHIFT ＋ （「Pol」）「2点間の⊿X」●̇SHIFT ） （「, 」）「2点間の⊿Y」） ＝ となります。以下の例示で具体的に確認してみましょう。

例示 点A（X＝5.00, Y＝3.00）から点B（X＝17.00, Y＝23.78）への距離と方向角をPol変換により求めなさい。なお，距離の計算結果は，小数点第3位を四捨五入すること。

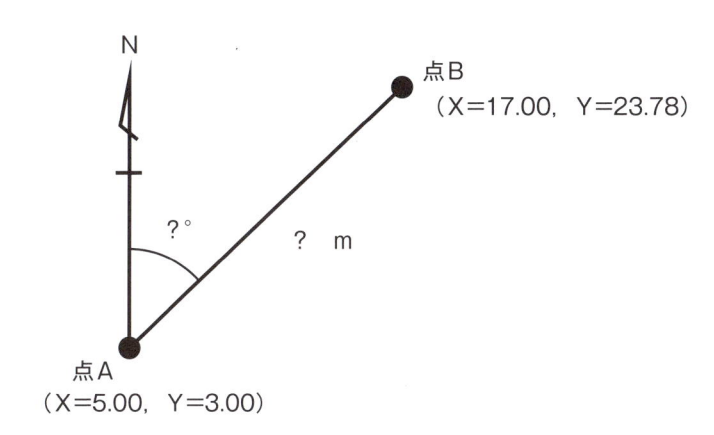

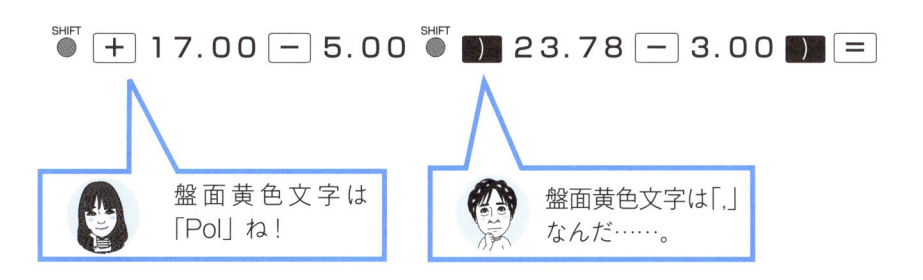

```
            N
            ↑
            |
            |
          ?°    ? m         点B
            \             （X＝17.00, Y＝23.78）
             \           ／
              \        ／
               \     ／
                \  ／
                 •
                点A
           （X＝5.00, Y＝3.00）
```

●̇SHIFT ＋ 17.00 － 5.00 ●̇SHIFT ） 23.78 － 3.00 ） ＝

> 盤面黄色文字は「Pol」ね！

> 盤面黄色文字は「, 」なんだ……。

上記のように入力すると，次の写真のとおりの画面表示となります。

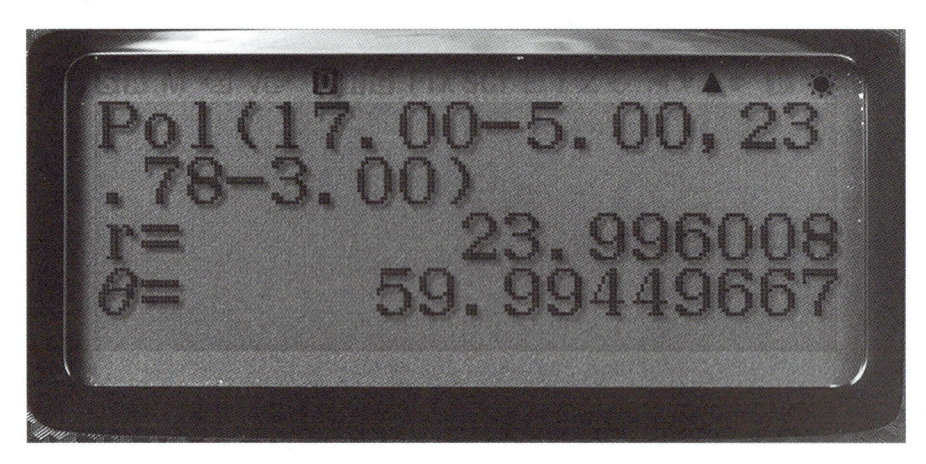

```
Pol(17.00-5.00,23
.78-3.00)
r=           23.996008
θ=        59.99449667
```

　ここで，「r＝23.996008」という計算結果は，点Ａから点Ｂへの距離を示しています。また，「θ＝59.99449667」という計算結果は，点Ａから点Ｂへの方向角を示しています。そして，これらの計算値は自動でxメモリー及びyメモリーにそれぞれ格納されています。これを確かめるため ● [STO]（「RECALL」）と押してみてください。「x＝23.996008」「y＝59.9944966」と表示されているはずです。yの値を角度表示するための操作は，● [S⇔D] [°'"] [＝] となります。

> 盤面赤色文字は「y」です。

　したがって，点Ａから点Ｂへの距離は24.00m，方向角は59°59′40.19″となります。

例題1 点C（X＝6.00，Y＝10.00）から点D（X＝-9.00，Y＝35.98）への距離と方向角をPol変換により求めなさい。なお，距離の計算結果は，小数点第3位を四捨五入すること。

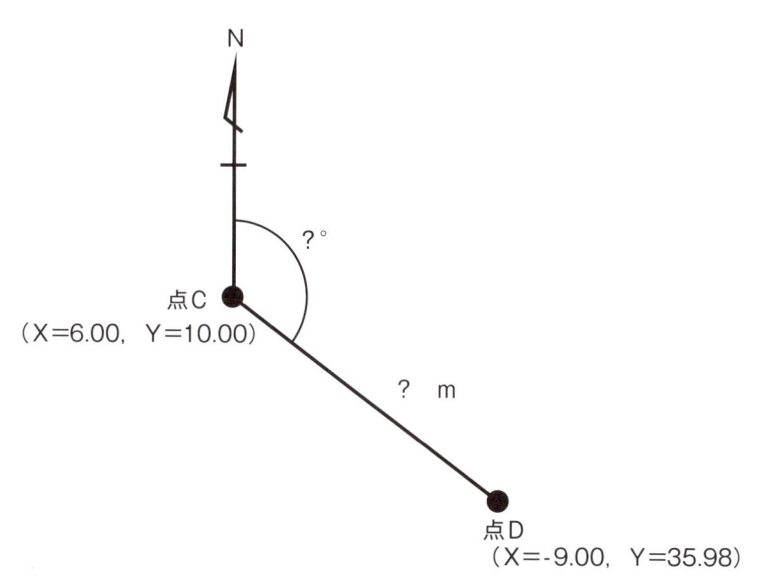

解答 点Cから点Dへの距離30.00m，
点Cから点Dへの方向角120°0′2.62″

操作

● [SHIFT] [+] [(-)] 9.00 [-] 6.00 ● [SHIFT] [ )] 35.98 [-] 10.00 [ )] [=]
(r=29.99933999，θ=120.0007278（θの値を角度表示するための操作は，● [ALPHA] [S⇔D] [° ′ ″] [=] となります。))

例題2 点E（X＝100.00，Y＝100.00）から点F（X＝97.90，Y＝81.86）への距離と方向角をPol変換により求めなさい。なお，距離の計算結果は，小数点第3位を四捨五入すること。

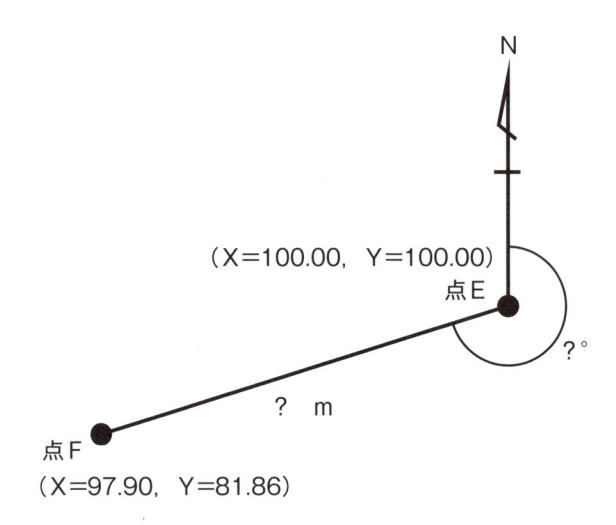

解答 点Eから点Fへの距離18.26m，
点Eから点Fへの方向角263°23′47.32″

操作

● [+] 97.90 [−] 100.00 ● [)] 81.86 [−] 100.00 [)]
[=]

(r＝18.26115002，θ＝-96.60352318（この角度は，点Eから点Fへの左回りの角度が表示されているため，360°を足して調整する作業が必要になります。操作は ● [S⇔D] [+] 360 [=] [°′″] となります。））

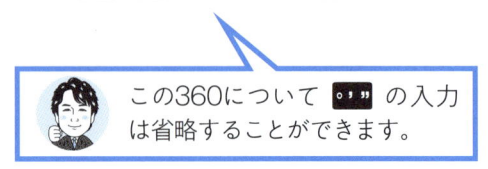

> この360について [°′″] の入力は省略することができます。

あれ……，何かがおかしい……。

どうしたの？　よしゆきさん？

同じ事例（データ）を使用して極座標から直交座標に変換しているにもかかわらず，距離や方向角が一致してないんだ……。

確かに，よしゆきさんの言うとおりねぇ。Rec変換の例題2で設定されている点Eから点Fの方向角は263°23′20″なのに，Pol変換の例題2で算出された同方向角は263°23′47.32″になっているわ。どういうことなのかしら？

それは，点Fの座標値を算出する際に行った端数処理（小数点以下第3位を四捨五入）の影響で発生する誤差によるものです。数字上ではとても大きい数字（27.32″差）のように思えますが，現実には1′にも満たない微小な角度の差となりますので，このような場合は許容される誤差の範囲であると考えてよいでしょう。

そうなんだ……，でも，何か気になるなぁ……。

よしゆきさんは，いつも細かい事を気にし過ぎなのよ！微小な誤差ってことなんだから，もうそれでいいデショ！ホラ！　次行くわよ！

はーい……。

5　丸め機能

　本機では小数点以下第3位を四捨五入し，小数点以下第2位までを表示するよう設定することができます。「3：表示桁数」→「1：少数点以下桁数（Fix）」→「2：有効桁数（Sci）」の選択です。

操作　SHIFT　MENU SETUP　3　1　2

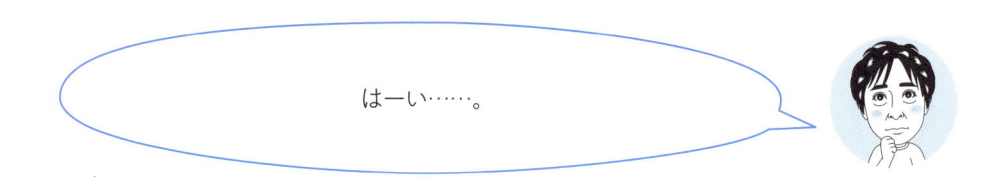

盤面黄色文字は「SETUP」ね！

設定が完了すると，ディスプレイの表示は次の写真のようになります。

この部分に「FIX」と表示されます。

　では，画面のように 25.336 と入力した上で = と押してみてください。小数点以下第3位が自動で四捨五入され，「25.34」と表示されるはずです。
　次に，25.334 と入力した上で = を押してみてください。小数点以下第3位が自動で四捨五入され，「25.33」と表示されるはずです。

でも，この機能って実際使うものなのかなぁ……？

また始まった……。

確かに，よしゆきさんの言うとおり，この機能は調査士試験においてあまり実用的ではありません。なぜなら，四捨五入が要求されるのは解答に必要な最終結果だけであり，その他の計算は全て端数処理をしないフル桁での計算が前提となっているからです。

ということは，通常時はフル桁の設定にしておいて，どうしても必要な場面があれば丸め表示設定をすればいいわけね！

なるほど，そうすればいいのか……。

「FIX」の表示が消えたことを確認してください。

~フル桁の表示設定に戻す~

「3：表示桁数」→「3：指数表示範囲（Norm）」→「2：有効桁数（Sci）」を選択します。

操作　SHIFT　MENU SETUP　３ ３ ２

盤面黄色文字は「SETUP」だね…。

Lesson 6 応用演習

　ここでは，Lesson 5で修得した応用操作を活用し，実戦演習をしていきます。

1　各階平面図における床面積の求積

例題 1　（リプレイ機能と $\boxed{\text{Ans}}$ キーの活用）

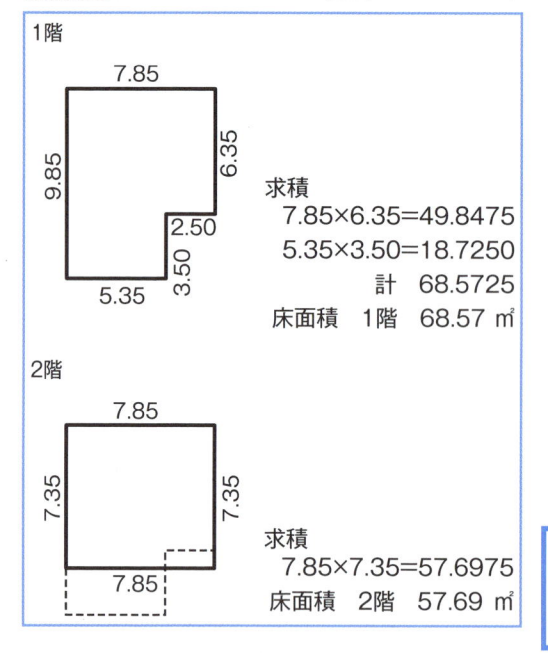

1階

```
       7.85
   ┌────────┐
   │        │ 6.35
9.85│        │
   │     2.50
   │    ┌───┘
   │    │3.50
   └────┘
    5.35
```

求積
　7.85×6.35＝49.8475
　5.35×3.50＝18.7250
　　　　　計　68.5725
床面積　1階　68.57 ㎡

2階

```
       7.85
   ┌────────┐
7.35│        │7.35
   │        │
   └────────┘
   ┊  7.85  ┊
```

求積
　7.85×7.35＝57.6975
床面積　2階　57.69 ㎡

> 6.35と入力すべきところを 3.35と誤って入力してしまったよ……。

> じゃ，リプレイ機能を使って修正してみましょ！

操作1　7．85 $\boxed{\times}$ 3．35 $\boxed{=}$ （解：26.2975）
操作2　5．35 $\boxed{\times}$ 3．50 $\boxed{=}$ （解：18.725）
操作3　挿入モード： $\boxed{\blacktriangle}\boxed{\blacktriangleleft}\boxed{\blacktriangleleft}\boxed{\blacktriangleleft}\boxed{\blacktriangleleft}$ $\boxed{\text{DEL}}$ 6 $\boxed{=}$ （解：49.8475）
操作3　上書きモード： $\boxed{\blacktriangle}\boxed{\blacktriangleleft}\boxed{\blacktriangleleft}\boxed{\blacktriangleleft}\boxed{\blacktriangleleft}\boxed{\blacktriangleleft}$ 6 $\boxed{=}$ （解：49.8475）

操作4 [Ans] [+] 18.725 [=] （解：68.5725）

> 修正値である「49.8475」に「18.725」を加算してることになるんだ……。

操作5 9.85 [×] 7.35 [=] （解：72.3975）

> またやっちゃったよ……。7.85と入力すべきところを 9.85と誤って入力してしまったよ……。

> じゃあ，もう1回リプレイ機能を使った修正の練習ができるわね！

操作6 挿入モード：[◀][◀][◀][◀][◀][◀][◀][◀][◀] [DEL] 7 [=]
（解：57.6975）

操作6 上書きモード：[◀][◀][◀][◀][◀][◀][◀][◀][◀][◀] 7 [=]
（解：57.6975）

> 最終の式の場合は，[▲] の入力は不要です。

Lesson6 応用演習

例題2 （ M+ キーの活用）

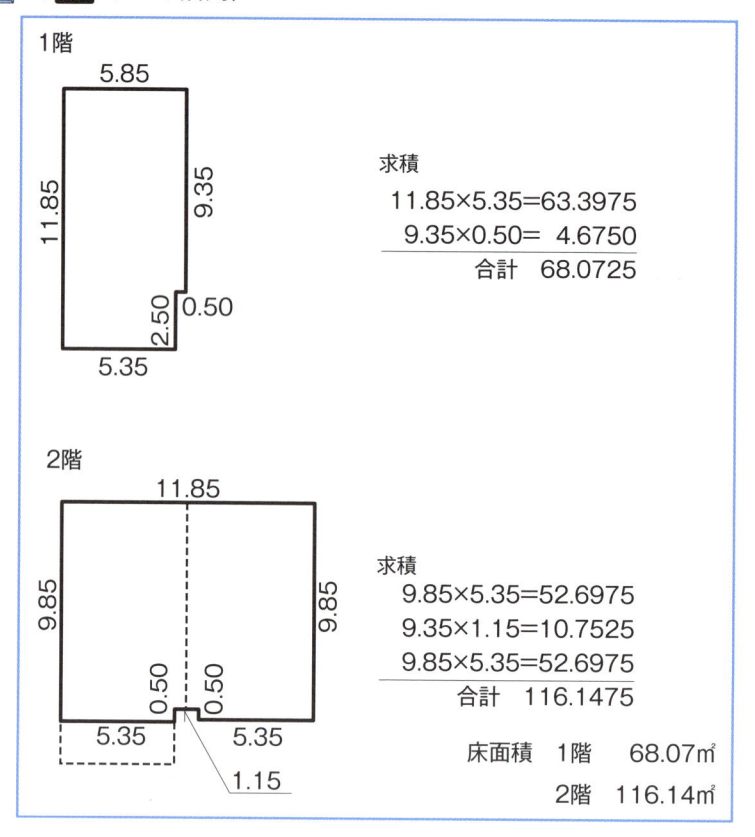

1階

```
         5.85
  ┌──────────────┐
  │              │
11.85           9.35
  │              │
  │         ┌────┘
  │      2.50 0.50
  └──────┘
     5.35
```

求積
11.85×5.35＝63.3975
　9.35×0.50＝　4.6750
　　　合計　68.0725

2階

```
         11.85
  ┌──────┬───────┐
  │      ┊       │
 9.85    ┊      9.85
  │      ┊       │
  │   0.50 0.50  │
  └──────┘ └─────┘
   5.35   1.15  5.35
```

求積
9.85×5.35＝52.6975
9.35×1.15＝10.7525
9.85×5.35＝52.6975
　　合計　116.1475

床面積　1階　　68.07㎡
　　　　2階　116.14㎡

ここでは M+ キーを活用するので，まず，Mメモリーを「0」にします。

操作0　0 STO M+　　◁　ディスプレイ左上の「M」の表示が消えるのね！

～1階床面積の計算～
操作1　11.85 × 5.35 ＝ M+ （計算結果63.3975が0だったMメモリーに加算されました。）
操作2　9.35 × 0.50 ＝ M+ （計算結果4.675が63.3975だったMメモリーに加算されました。）
操作3　＜Mメモリーの確認＞ SHIFT STO （「RECALL」）（1階の床面積である「68.0725」となっていることを確認します。）

～2階床面積の計算～

操作0　0 [STO] [M+]

> ディスプレイ左上の「M」の表示が消えたよ……。

操作1　9.85 [×] 5.35 [=] [M+]（計算結果52.6975が0だったMメモリーに加算されました。）

操作2　9.35 [×] 1.15 [=] [M+]（計算結果10.7525が52.6975だったMメモリーに加算されました。この時点におけるMメモリーの数値は「63.45」。）

操作3　9.85 [×] 5.35 [=] [M+]（計算結果52.6975が63.45だったMメモリーに加算されました。）

操作4　＜Mメモリーの確認＞ ● [STO]（「RECALL」）（2階の床面積である「116.1475」となっていることを確認します。）

> この応用操作は計算過程が見えない状態で加算されていくんだね……。

> そうね。ちゃんと計算できているか不安になるわね。

> そうですね。そのような不安を感じる人は，無理にこの操作を利用する必要はありません。不安を感じてまで応用操作をするくらいなら，安心できる基本操作で計算したほうが，結果的に早く計算できるはずですし，間違いも起こりにくくなるはずですから。

Lesson6　応用演習

2 地積測量図における筆界点間の距離の算出

地積測量図の模範解答に示されている筆界点間の距離の算出について，基礎演習では以下の 例示1 による操作を行っていましたが，Pol変換（直交座標から極座標への変換）により算出することができます。

例示1

下図の筆界点ＡＢ間の距離は，次のように求められます。

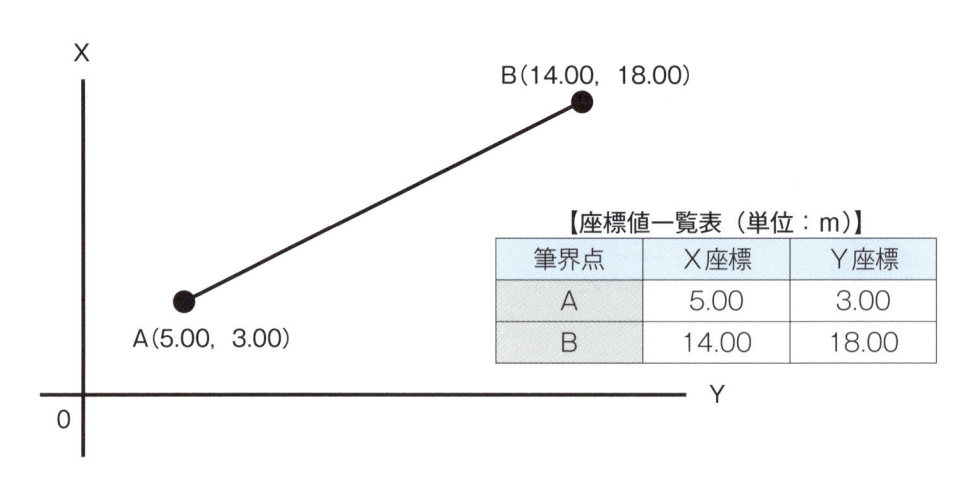

【座標値一覧表（単位：m）】

筆界点	Ｘ座標	Ｙ座標
Ａ	5.00	3.00
Ｂ	14.00	18.00

$$筆界点ＡＢ間の距離 = \sqrt{(B_X-A_X)^2+(B_Y-A_Y)^2}$$
$$= \sqrt{(14.00-5.00)^2+(18.00-3.00)^2}$$
$$= 17.49285568 ≒ 17.49 \,(m)$$

〜基礎演習での操作〜

操作 √☐ （ 14.00 － 5.00 ） x^2 ＋ （ 18.00 － 3.00 ） x^2 ） ＝ （解：17.49285568）

〜Pol変換操作〜

操作 ● ＋ (「Pol」) 14.00 － 5.00 ● ） (「,」) 18.00 － 3.00 ） ＝

（ r ＝17.49285568, θ＝59.03624347）

例示2

下図の筆界点CD間の距離は，次のように求められます。

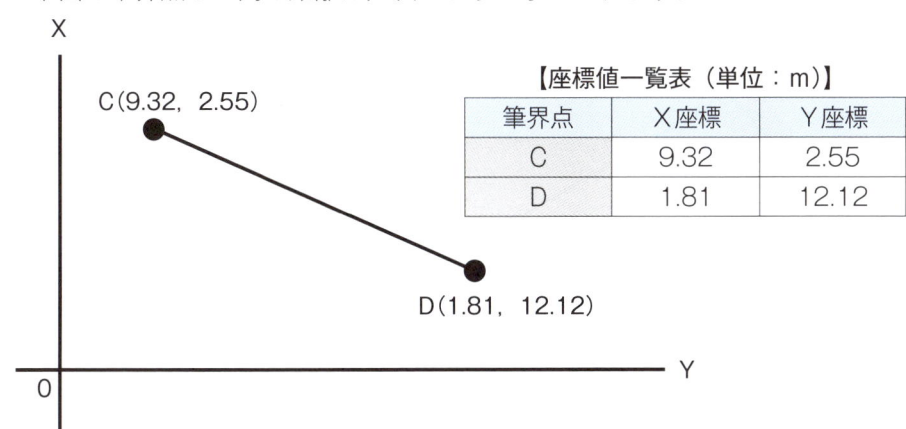

【座標値一覧表（単位：m）】

筆界点	X座標	Y座標
C	9.32	2.55
D	1.81	12.12

筆界点CD間の距離 $= \sqrt{(D_X - C_X)^2 + (D_Y - C_Y)^2}$
$= \sqrt{(1.81 - 9.32)^2 + (12.12 - 2.55)^2}$
$= 12.16490855 ≒ 12.16$（m）

〜基礎演習での操作〜

操作　√☐　（　1.81　−　9.32　）　x^2　＋　（　12.12　−　2.55　）　x^2　）　＝　（解：12.16490855）

〜 Pol変換操作〜

操作　●（SHIFT）　＋　（「Pol」）　1.81　−　9.32　●（SHIFT）　）　（「,」）　12.12　−　2.55　）　＝
（r＝12.16490855，θ＝128.122837）

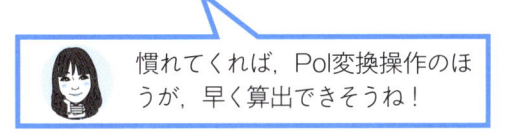

> 慣れてくれば，Pol変換操作のほうが，早く算出できそうね！

例題1 次の51番1の土地の各筆界点間の距離をPol変換により計算しなさい。ただし，計算結果の小数点以下第3位を四捨五入すること。

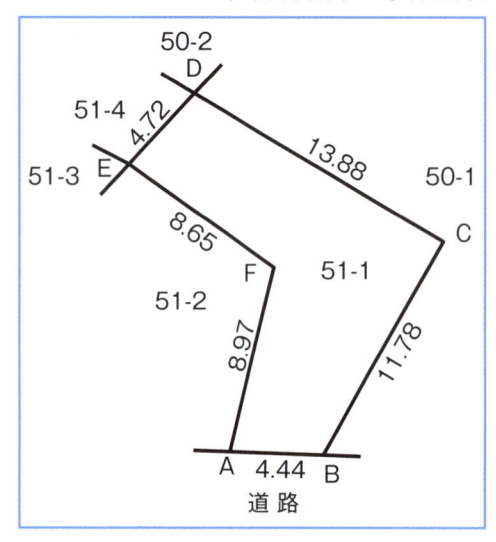

【座標値一覧表（単位：m）】

	Ｘ座標	Ｙ座標
A	303.34	310.90
B	303.18	315.34
C	313.37	321.26
D	320.31	309.24
E	316.94	305.93
F	312.05	313.06

〜Pol変換操作〜

操作（ＡＢ間）： ● SHIFT ＋ （「Pol」）303.18 － 303.34 ● SHIFT ）（「,」）315.34 － 310.90 ） ＝
（r＝4.442881948，θ＝92.06381973）（解：4.44m）

操作（ＢＣ間）： ● SHIFT ＋ （「Pol」）313.37 － 303.18 ● SHIFT ）（「,」）321.26 － 315.34 ） ＝
（r＝11.78484196，θ＝30.15494829）
（解：11.78m）

操作（ＣＤ間）： ● SHIFT ＋ （「Pol」）320.31 － 313.37 ● SHIFT ）（「,」）309.24 － 321.26 ） ＝
（r＝13.87962536，θ＝-59.99910709）
（解：13.88m）

操作（ＤＥ間）： ● SHIFT ＋ （「Pol」）316.94 － 320.31 ● SHIFT ）（「,」）305.93 － 309.24 ） ＝
（r＝4.723663832，θ＝-135.5146189）（解：4.72m）

操作（ＥＦ間）： ● SHIFT ＋ （「Pol」）312.05 － 316.94 ● SHIFT ）（「,」）313.06 － 305.93 ） ＝
（r＝8.645750401，θ＝124.443674）（解：8.65m）

操作 （ＦＡ間）： ● [+] (「Pol」) **303.34** [−] **312.05** ● ■ （「,」）
　　　　　　　　310.90 [−] **313.06** ■ [=]
　　　　　　　　（ r ＝8.973834186, θ＝-166.0721538）（解：8.97m）

例題2　次の5番1及び5番2の土地の各筆界点間の距離をPol変換により計算しなさい。ただし，計算結果の小数点以下第3位を四捨五入すること。

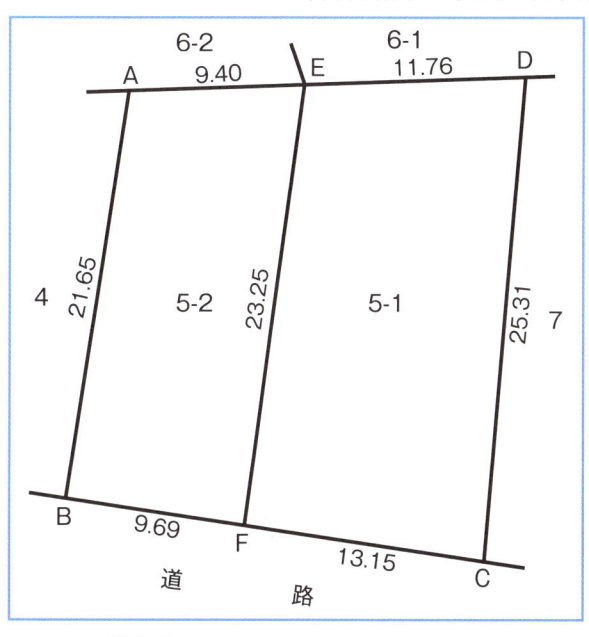

【座標値一覧表（単位：m）】

	X座標	Y座標
A	31.63	9.85
B	10.26	6.37
C	7.03	28.98
D	32.26	31.00
E	31.91	19.25
F	8.89	15.96

～ Pol変換操作～

操作 （ＦＣ間）： ● [+] (「Pol」) **7.03** [−] **8.89** ● ■ （「,」）
　　　　　　　　28.98 [−] **15.96** ■ [=]
　　　　　　　　（ r ＝13.15218613, θ＝98.13010235）
　　　　　　　　（解：13.15m）

操作 （ＣＤ間）： ● [+] (「Pol」) **32.26** [−] **7.03** ● ■ （「,」）
　　　　　　　　31.00 [−] **28.98** ■ [=]
　　　　　　　　（ r ＝25.31073488, θ＝4.577531637）
　　　　　　　　（解：25.31m）

操作 （ＤＥ間）： ● [+] (「Pol」) **31.91** [−] **32.26** ● ■ （「,」）
　　　　　　　　19.25 [−] **31.00** ■ [=]
　　　　　　　　（ r ＝11.75521161, θ＝-91.70617829）

(解：11.76m)

操作 (EF間)：$\overset{SHIFT}{●}$ $\boxed{+}$ (「Pol」) 8.89 $\boxed{-}$ 31.91 $\overset{SHIFT}{●}$ ■ (「,」)
15.96 $\boxed{-}$ 19.25 ■ $\boxed{=}$
(r =23.25391365, θ=-171.8664131)
(解：23.25m)

操作 (EA間)：$\overset{SHIFT}{●}$ $\boxed{+}$ (「Pol」) 31.63 $\boxed{-}$ 31.91 $\overset{SHIFT}{●}$ ■ (「,」)
9.85 $\boxed{-}$ 19.25 ■ $\boxed{=}$
(r =9.404169288, θ=-91.70617829)（解：9.40m)

操作 (AB間)：$\overset{SHIFT}{●}$ $\boxed{+}$ (「Pol」) 10.26 $\boxed{-}$ 31.63 $\overset{SHIFT}{●}$ ■ (「,」)
6.37 $\boxed{-}$ 9.85 ■ $\boxed{=}$
(r =21.65149648, θ=-170.7508502)
(解：21.65m)

操作 (BF間)：$\overset{SHIFT}{●}$ $\boxed{+}$ (「Pol」) 8.89 $\boxed{-}$ 10.26 $\overset{SHIFT}{●}$ ■ (「,」)
15.96 $\boxed{-}$ 6.37 ■ $\boxed{=}$
(r =9.687362902, θ=98.13010235)（解：9.69m)

③ 座標値の算出　〜距離と方向角〜

　未知点の座標値の算出について，基礎演習では以下の 例示1 による操作を行っていましたが，Rec変換（極座標から直交座標への変換）により算出することができます。

例示1　未知点Bの座標値の算出

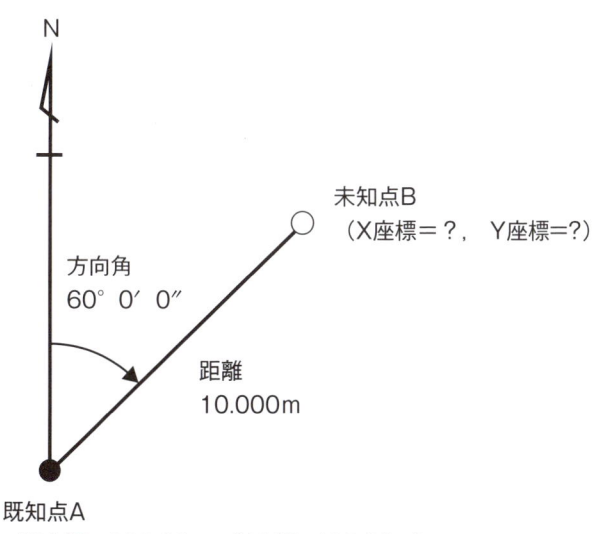

```
        N
        ↑
                    ○ 未知点B
                      （X座標＝？, Y座標＝？）
    方向角
    60° 0′ 0″
              距離
              10.000m

    ●
    既知点A
    （X座標＝100.00m, Y座標＝100.00m）
```

〜基礎演習での操作〜

操作　B_X：`100.00` `+` `10.000` `×` `cos` `60` `°'"` `)` `=`
　　　　（解：105）

操作　B_Y：`100.00` `+` `10.000` `×` `sin` `60` `°'"` `)` `=`
　　　　（解：108.660254）

　したがって，点BのX座標値は105.00m，点BのY座標値は108.66mとなります。

～Rec変換による操作～

操作1 ● [−]（「Rec」）10 ● [)]（「, 」）60 [° ' "] [)] [=]
（$x=5$, $y=8.660254038$）

操作2 B$_X$: 100.00 [+] ● [)]（「x」）[=]（解：105）

操作3 B$_Y$: 100.00 [+] ● [S⇔D]（「y」）[=]（解：108.660254）

例示2 未知点Dの座標値の算出

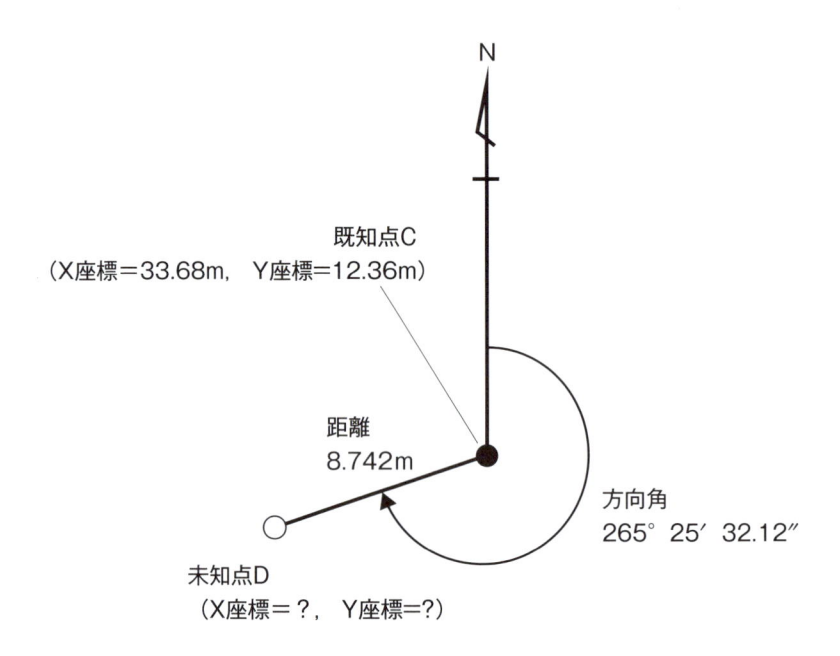

既知点C
（X座標＝33.68m，Y座標＝12.36m）

N

距離
8.742m

方向角
265° 25′ 32.12″

未知点D
（X座標＝？，Y座標＝？）

～基礎演習での操作～

操作 D$_X$: 33.68 [+] 8.742 [×] [cos] 265 [° ' "] 25 [° ' "] 32.12
[° ' "] [)] [=]（解：32.98279276）

操作 D$_Y$: 12.36 [+] 8.742 [×] [sin] 265 [° ' "] 25 [° ' "] 32.12
[° ' "] [)] [=]（解：3.645846796）

～ Rec変換による操作～

操作1 ● [-]（「Rec」）8.742 ● ● （「,」）265 ●''' 25 ●'''
32.12 ●''' ● [=]
（$x = -0.697207235$, $y = -8.714153204$）

操作2 D_X：33.68 [+] ● ●（「x」）[=]（解：32.98279276）

操作3 D_Y：12.36 [+] ● [S⇔D]（「y」）[=]（解：3.645846796）

例題 次の観測データから，点A，点B，点C，点Dの座標値を算出しなさい（計算結果の小数点以下第3位を四捨五入すること。）。計算方法はRec変換によるものとする。なお，器械点T1の座標値は（X＝50.00m，Y＝70.00m）とする。

器械点	後視点	測点	水平角	平面距離（m）
T1	―	N	0° 0′ 0″	―
T1	N	A	45° 3′ 1″	5.26
T1	N	B	116° 22′ 2.31″	7.76
T1	N	C	230° 6′ 46.54″	4.86
T1	N	D	333° 33′ 33″	3.33

～点A座標値～

操作1 ● [-]（「Rec」）5.26 ● ●（「,」）45 ●''' 3 ●''' 1 ●''' ●
[=]
（$x = 3.716116433$, $y = 3.722644041$）

操作2 A_X：50.00 [+] ● ●（「x」）[=]（解：53.71611643）

操作3 A_Y：70.00 [+] ● [S⇔D]（「y」）[=]（解：73.72264404）

～点B座標値～

操作1 ● [-]（「Rec」）7.76 ● ●（「,」）116 ●''' 22 ●''' 2.31
●''' ● [=]
（$x = -3.446402505$, $y = 6.95269083$）

操作2 B_X：50.00 [+] ● ●（「x」）[=]（解：46.5535975）

操作3 B_Y：70.00 [+] ● [S⇔D]（「y」）[=]（解：76.95269083）

～点C座標値～

操作1 ●[SHIFT] [−] (「Rec」) 4.86 ●[SHIFT] [ )] (「, 」) 230 [° ' "] 6 [° ' "] 46.54 [° ' "] [ )] [=]

($x = $ -3.116603878, $y = $ -3.729125939)

操作2 C_X : 50.00 [+] ●[ALPHA] [ )] (「x」) [=] (解 : 46.88339612)

操作3 C_Y : 70.00 [+] ●[ALPHA] [S⇔D] (「y」) [=] (解 : 66.27087406)

～点D座標値～

操作1 ●[SHIFT] [−] (「Rec」) 3.33 ●[SHIFT] [ )] (「, 」) 333 [° ' "] 33 [° ' "] 33 [° ' "] [ )] [=]

($x = $ 2.981664191, $y = $ -1.482760484)

操作2 D_X : 50.00 [+] ●[ALPHA] [ )] (「x」) [=] (解 : 52.98166419)

操作3 D_Y : 70.00 [+] ●[ALPHA] [S⇔D] (「y」) [=] (解 : 68.51723952)

解答

	X座標 (m)	Y座標 (m)
A	53.72	73.72
B	46.55	76.95
C	46.88	66.27
D	52.98	68.52

4 方向角の算出

既知2点の方向角の算出について，基礎演習では以下の 例示1 による操作を行っていましたが，Pol変換（直交座標から極座標への変換）により算出することができます。

例示1 既知点Aから既知点Bへの方向角の算出

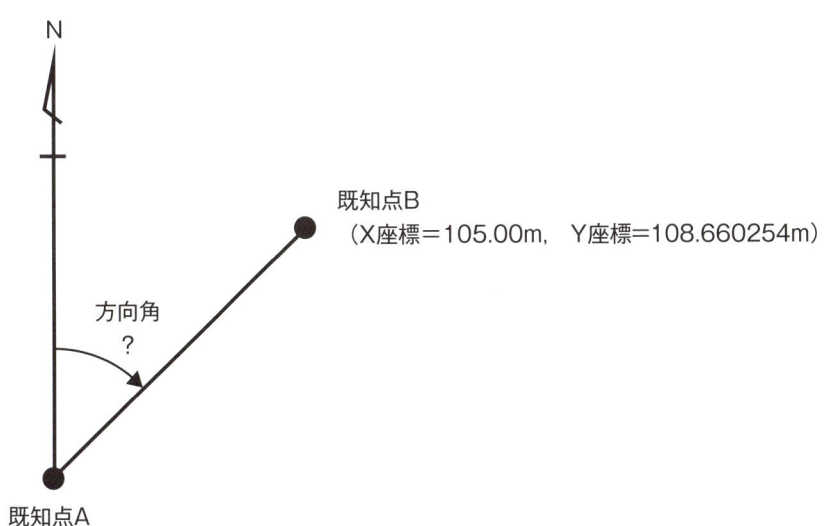

N

既知点B
（X座標＝105.00m，Y座標＝108.660254m）

方向角
？

既知点A
（X座標＝100.00m，Y座標＝100.00m）

この例示において，点Aから点Bへの方向角を算出する計算式は次のとおりです。

既知点AからBへの方向角＝$\tan^{-1}\{(B_Y － A_Y) ／ (B_X － A_X)\}$
＝$\tan^{-1}\{(108.660254 － 100.00) ／ (105.00 － 100.00)\}$
＝60° 0′ 0″

～基礎演習での操作～

操作 ● [SHIFT] [tan] [（] 108.660254 [－] 100.00 [）] [÷] [（] 105.00 [－] 100.00 [）] [＝]

（解：59.99999989→計算結果を度分秒表示にするため，[° ′ ″]
→60° 0′ 0″）

～Pol変換操作～

操作 ● [+]（「Pol」）105.00 [−] 100.00 ● [)]（「, 」）
108.660254 [−] 100.00 [)] [=]
（r＝9.999999967, θ＝59.99999989（θの値を角度表示するための操作は, ● [S⇔D]（「y」）[° ' "] [=] となります。→60°0′0″））

例題1 次の図における点Cから点Dへの方向角を算出しなさい。ただし, 電卓操作方法は, Pol変換操作によるものとする。

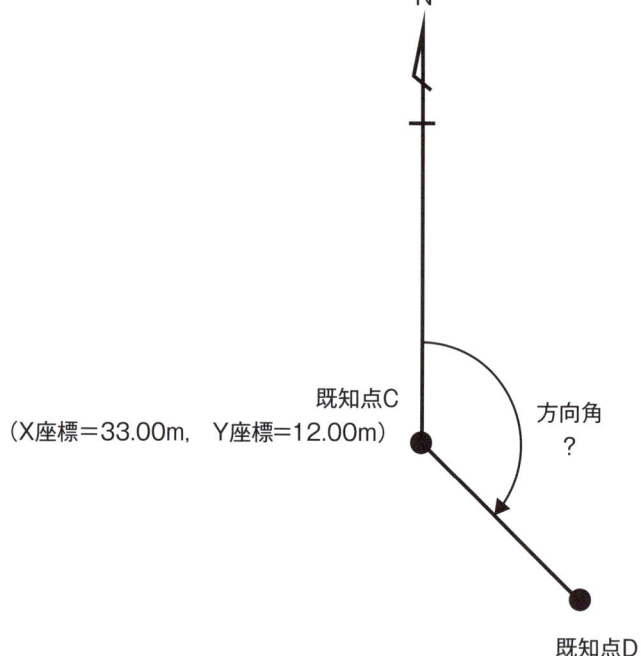

既知点C
(X座標＝33.00m, Y座標＝12.00m)

方向角？

N

既知点D
(X座標＝28.00m, Y座標＝16.00m)

～Pol変換操作～

操作 ● [+]（「Pol」）28.00 [−] 33.00 ● [)]（「, 」）16.00 [−] 12.00 [)] [=]
（r＝6.403124237, θ＝141.3401917（θの値を角度表示するための操作は, ● [S⇔D]（「y」）[° ' "] [=] となります。→141°20′24.69″））

例題2 次の図における点Eから点Fへの方向角を算出しなさい。ただし，電卓操作方法は，Pol変換操作によるものとする。

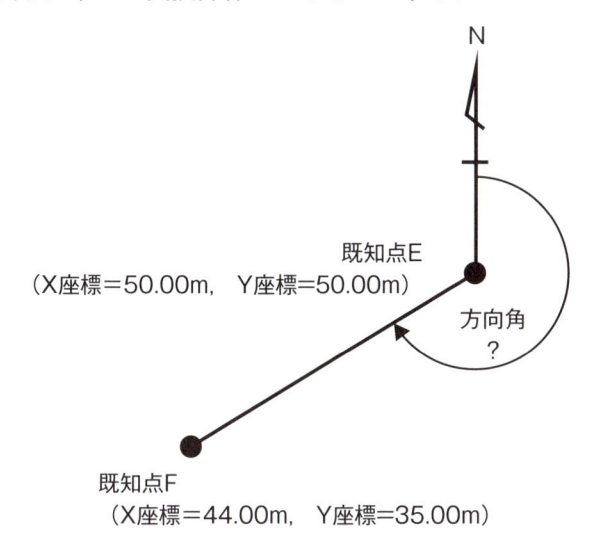

既知点E
（X座標＝50.00m，Y座標＝50.00m）

方向角
？

既知点F
（X座標＝44.00m，Y座標＝35.00m）

～Pol変換操作～

操作 ● [+]（「Pol」）44.00 [−] 50.00 ● [）]（「, 」）35.00 [−] 50.00 [）] [=]

（$r=16.15549442$，$\theta=-111.8014095$（θの値を角度表示するための操作は，● [S⇔D]（「y」）[°'"] [=] となります。→-111°48′5.07″→さらに，正の角度に補正するため，[+] 360 [°'"] [=] で248°11′54.93″となります。））

例題3 次の図における点Gから点Hへの方向角を算出しなさい。

既知点H
（X座標＝30.00m，Y座標＝24.00m）

既知点G
（X座標＝25.00m，Y座標＝36.00m）

方向角
？

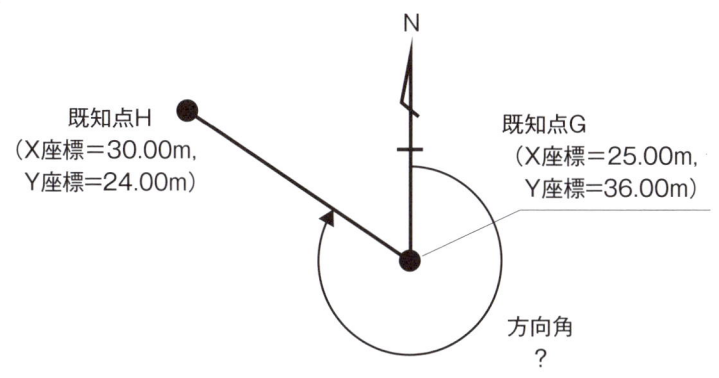

～Pol変換操作～

操作 ● [SHIFT] [+]（「Pol」）30.00 [-] 25.00 ● [SHIFT] [ )]（「,」）24.00 [-] 36.00 [ )] [=]

　　（r＝13, θ＝-67.38013505（θの値を角度表示するための操作は, ● [ALPHA] [S⇔D]（「y」）[° ' "] [=] となります。→-67° 22' 48.49"→さらに, 正の角度に補正するため [+] 360 [° ' "] [=] で292° 37' 11.51"となります。））

5 土地の面積（地積）の計算

この項では, 土地の面積計算をするにあたってのメモリー機能の活用を紹介します。

|例示|

下記に示す筆界点A, B, C, D及びAで囲まれた土地の地積を求めなさい。

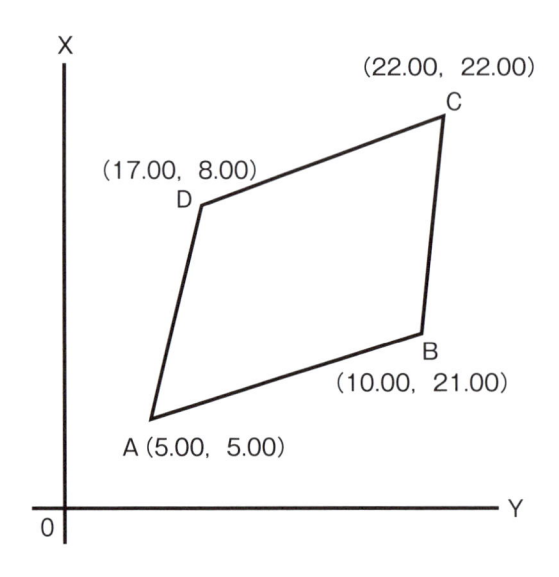

【座標値一覧表（単位：m）】

筆界点	X座標	Y座標
A	5.00	5.00
B	10.00	21.00
C	22.00	22.00
D	17.00	8.00

(1) 計算例①－表形式の電卓操作

求積

筆界点	X	Y	$X_{n+1}-X_{n-1}$	$Y_n(X_{n+1}-X_{n-1})$
A	5.00	5.00	-7.00	-35.0000
B	10.00	21.00	17.00	357.0000
C	22.00	22.00	7.00	154.0000
D	17.00	8.00	-17.00	-136.0000
			倍面積	340.0000
			面　積	170.0000
			地　積	170.00㎡

　以下は，基礎演習の項で示した計算式です。基本的な操作は同じですが，第2段階で算出する「各段のの$Y_n(X_{n+1}-X_{n-1})$」の数値を各メモリーに格納し，倍面積→面積と計算します。

～第1段階：各段の（$X_{n+1}-X_{n-1}$）を算出する～
Aの段の（$X_{n+1}-X_{n-1}$）
10.00（B_X）$\boxed{-}$ **17.00**（D_X）$\boxed{=}$　（解：-7）
Bの段の（$X_{n+1}-X_{n-1}$）
22.00（C_X）$\boxed{-}$ **5.00**（A_X）$\boxed{=}$　（解：17）
Cの段の（$X_{n+1}-X_{n-1}$）
17.00（D_X）$\boxed{-}$ **10.00**（B_X）$\boxed{=}$　（解：7）
Dの段の（$X_{n+1}-X_{n-1}$）
5.00（A_X）$\boxed{-}$ **22.00**（C_X）$\boxed{=}$　（解：-17）

～第2段階：各段の$Y_n(X_{n+1}-X_{n-1})$を算出する～
Aの段の$Y_n(X_{n+1}-X_{n-1})$
5.00 $\boxed{×}$ $\boxed{(-)}$ **7.00** $\boxed{=}$　（解：-35）
→解：-35をAメモリーへ $\boxed{\text{STO}}$ $\boxed{(-)}$
Bの段の$Y_n(X_{n+1}-X_{n-1})$
21.00 $\boxed{×}$ **17.00** $\boxed{=}$　（解：357）
→解：357をBメモリーへ $\boxed{\text{STO}}$ $\boxed{\circ\prime\prime}$
Cの段の$Y_n(X_{n+1}-X_{n-1})$

22.00 ☒ 7.00 ＝ （解：154）
→解：154をCメモリーへ STO x^{-1}
Dの段のY$_n$（X$_{n+1}$－X$_{n-1}$）
8.00 ☒ (-) 17.00 ＝ （解：-136）
→解：-136をDメモリーへ STO sin

〜第3段階：各段のY$_n$（X$_{n+1}$－X$_{n-1}$）を合計する（倍面積）〜
● (-)（「A」）＋ ● ° ' "（「B」）＋ ● x^{-1}（「C」）＋ ● sin（「D」）＝
（解：340.0000）

〜第4段階：第3段階で算出された倍面積を面積にする〜
÷ 2 ＝ （解：170）

(2) 計算例②－略式の電卓操作

	A	B	C	D
X	5.00	10.00	22.00	17.00
Y	5.00	21.00	22.00	8.00

X$_n$		(Y$_{n+1}$－Y$_{n-1}$)				
5.00	×	(	21.00	－	8.00	)	＝	65.0000
10.00	×	(	22.00	－	5.00	)	＝	170.0000
22.00	×	(	8.00	－	21.00	)	＝	-286.0000
17.00	×	(	5.00	－	22.00	)	＝	-289.0000
				2 A	＝	-340.0000
				A	＝	170.0000
				地　積		170.00㎡

　以下は，基礎演習の項で示した計算式です。基本的な操作は同じですが，第1段階で算出する「各段のX$_n$（Y$_{n+1}$－Y$_{n-1}$）」の数値を各メモリーに格納し，倍面積→面積と計算します。

〜第1段階：各点のX座標値×（後の点のY座標値－前の点のY座標値）を算出する〜
5.00 ☒ (21.00 － 8.00) ＝ （解：65）

→解：65をAメモリーへ [STO] [(-)]
10.00 [×] [(] 22.00 [-] 5.00 [)] [=] （解：170）
→解：170をBメモリーへ [STO] [° ' "]
22.00 [×] [(] 8.00 [-] 21.00 [)] [=] （解：-286）
→解：-286をCメモリーへ [STO] [x^{-1}]
17.00 [×] [(] 5.00 [-] 22.00 [)] [=] （解：-289）
→解：-289をDメモリーへ [STO] [sin]

～第2段階：第1段階の算出値を合計する（倍面積）～
● [ALPHA] [(-)] (「A」) [+] ● [ALPHA] [° ' "] (「B」) [+] ● [ALPHA] [x^{-1}] (「C」) [+] ● [ALPHA] [sin] (「D」) [=]
（解：-340）

～第3段階：第2段階で算出された倍面積を面積にする～
[÷] 2 [=] （解：170）

例題1 下記に示す筆界点A，B，C，D，E及びAで囲まれた土地の地積を求めなさい。ただし，計算結果は小数点以下第3位の数値を切り捨てること。

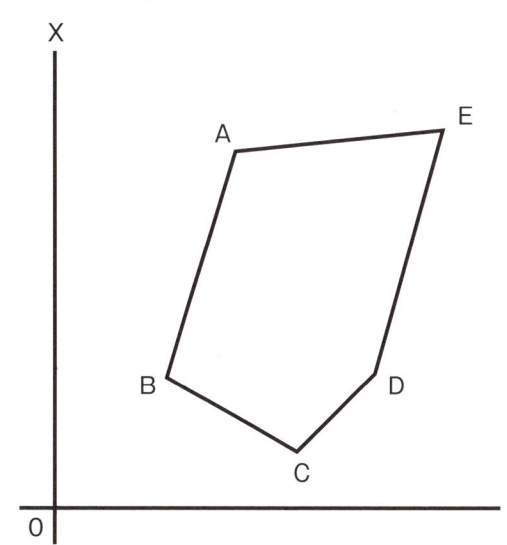

【座標値一覧表（単位：m）】

点名	X座標	Y座標
A	60.44	51.10
B	29.85	41.96
C	21.34	67.64
D	30.86	75.10
E	62.60	80.28

解答 1113.73㎡

計算例①－表形式の電卓操作

筆界点	X	Y	$X_{n+1}-X_{n-1}$	$Y_n(X_{n+1}-X_{n-1})$
A	60.44	51.10	-32.75	-1673.5250
B	29.85	41.96	-39.10	-1640.6360
C	21.34	67.64	1.01	68.3164
D	30.86	75.10	41.26	3098.6260
E	62.60	80.28	29.58	2374.6824
			倍面積	2227.4638
			面　積	1113.7319
			地　積	1113.73㎡

～第1段階：各段の（$X_{n+1}-X_{n-1}$）を算出する～

Aの段の（$X_{n+1}-X_{n-1}$）
29.85（B_x）[－] **62.60**（E_x）[＝]　（解：-32.75）

Bの段の（$X_{n+1}-X_{n-1}$）
21.34（C_x）[－] **60.44**（A_x）[＝]　（解：-39.10）

Cの段の（$X_{n+1}-X_{n-1}$）
30.86（D_x）[－] **29.85**（B_x）[＝]　（解：1.01）

Dの段の（$X_{n+1}-X_{n-1}$）
62.60（E_x）[－] **21.34**（C_x）[＝]　（解：41.26）

Eの段の（$X_{n+1}-X_{n-1}$）
60.44（A_x）[－] **30.86**（D_x）[＝]　（解：29.58）

～第2段階：各段の$Y_n(X_{n+1}-X_{n-1})$を算出する～

Aの段の$Y_n(X_{n+1}-X_{n-1})$
51.10[×][(-)]**32.75**[＝]
　（解：-1673.525）→解：-1673.525をAメモリーへ [STO][(-)]

Bの段の$Y_n(X_{n+1}-X_{n-1})$
41.96[×][(-)]**39.10**[＝]
　（解：-1640.636）→解：-1640.636をBメモリーへ [STO][°'"]

Cの段の$Y_n(X_{n+1}-X_{n-1})$
67.64[×]**1.01**[＝]
　（解：68.3164）→解：68.3164をCメモリーへ [STO][x^{-1}]

Dの段のY$_n$(X$_{n+1}$−X$_{n-1}$)
`75.10` `×` `41.26` `=`
 (解:3098.626) →解:3098.626をDメモリーへ `STO` `sin`
Eの段のY$_n$(X$_{n+1}$−X$_{n-1}$)
`80.28` `×` `29.58` `=`
 (解:2374.6824) →解:2374.6824をEメモリーへ `STO` `cos`

~第3段階:各段のY$_n$(X$_{n+1}$−X$_{n-1}$)を合計する(倍面積)~
`ALPHA` `(−)`(「A」)`+` `ALPHA` `° ' "`(「B」)`+` `ALPHA` `x⁻¹`(「C」)`+` `ALPHA` `sin`(「D」)`+`
`ALPHA` `cos`(「E」)`=` (解:2227.4638)

~第4段階:第3段階で算出された倍面積を面積にする~
`÷` `2` `=` (解:1113.7319)

計算例②-略式の電卓操作

	A	B	C	D	E
X	60.44	29.85	21.34	30.86	62.60
Y	51.10	41.96	67.64	75.10	80.28

60.44	×	(	41.96	−	80.28	)	=	-2316.0608
29.85	×	(	67.64	−	51.10	)	=	493.7190
21.34	×	(	75.10	−	41.96	)	=	707.2076
30.86	×	(	80.28	−	67.64	)	=	390.0704
62.60	×	(	51.10	−	75.10	)	=	-1502.4000
						2 A	=	-2227.4638
						A	=	1113.7319
						地積		1113.73㎡

~第1段階:各点のX座標値×(後の点のY座標値−前の点のY座標値)を算出する~
`60.44` `×` `(` `41.96` `−` `80.28` `)` `=` (解:-2316.0608)
→解:-2316.0608をAメモリーへ `STO` `(−)`
`29.85` `×` `(` `67.64` `−` `51.10` `)` `=` (解:493.719)
→解:493.719をBメモリーへ `STO` `° ' "`

21.34 [×] [(] 75.10 [-] 41.96 [)] [=]　（解：707.2076）
→解：707.2076をCメモリーへ [STO] [x^{-1}]
30.86 [×] [(] 80.28 [-] 67.64 [)] [=]　（解：390.0704）
→解：390.0704をDメモリーへ [STO] [sin]
62.60 [×] [(] 51.10 [-] 75.10 [)] [=]　（解：-1502.4）
→解：-1502.4をEメモリーへ [STO] [cos]

~第2段階：第1段階の算出値を合計する（倍面積）~
● [ALPHA] [(-)]（「A」）[+] ● [ALPHA] [° ' "]（「B」）[+] ● [ALPHA] [x^{-1}]（「C」）[+] ● [ALPHA] [sin]（「D」）[+]
● [ALPHA] [cos]（「E」）[=]　（解：-2227.4638）

~第3段階：第2段階で算出された倍面積を面積にする~
[÷] 2 [=]　（解：1113.7319）

例題2　下記に示す筆界点F，G，K及びFで囲まれた土地の地積を求めなさい。ただし，計算結果は小数点以下第3位の数値を切り捨てること。

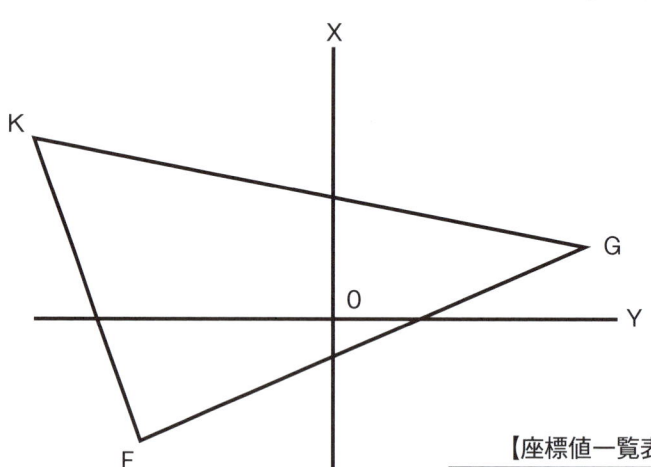

【座標値一覧表（単位：m）】

点名	X座標	Y座標
F	-80.55	-123.12
G	45.45	110.32
K	86.21	-145.23

解答　20857.15㎡

計算例①－表形式の電卓操作

筆界点	X	Y	$X_{n+1} - X_{n-1}$	$Y_n (X_{n+1} - X_{n-1})$
F	-80.55	-123.12	-40.76	5018.3712
G	45.45	110.32	166.76	18396.9632
K	86.21	-145.23	-126.00	18298.9800
			倍面積	41714.3144
			面　積	20857.1572
			地　積	20857.15㎡

～第1段階：各段の（$X_{n+1} - X_{n-1}$）を算出する～

Fの段の（$X_{n+1} - X_{n-1}$）

45.45（G_x）[−] **86.21**（K_x）[=]　（解：-40.76）

Gの段の（$X_{n+1} - X_{n-1}$）

86.21（K_x）[−] [(−)] **80.55**（F_x）[=]　（解：166.76）

Kの段の（$X_{n+1} - X_{n-1}$）

[(−)] **80.55**（F_x）[−] **45.45**（G_x）[=]　（解：-126.00）

～第2段階：各段の $Y_n (X_{n+1} - X_{n-1})$ を算出する～

Fの段の $Y_n (X_{n+1} - X_{n-1})$

[(−)] **123.12** [×] [(−)] **40.76** [=]　（解：5018.3712）

→解：5018.3712をAメモリーへ [STO] [(−)]

Gの段の $Y_n (X_{n+1} - X_{n-1})$

110.32 [×] **166.76** [=]　（解：18396.9632）

→解：18396.9632をBメモリーへ [STO] [° ' "]

Kの段の $Y_n (X_{n+1} - X_{n-1})$

[(−)] **145.23** [×] [(−)] **126.00** [=]　（解：18298.98）

→解：18298.98をCメモリーへ [STO] [x^{-1}]

～第3段階：各段の $Y_n (X_{n+1} - X_{n-1})$ を合計する（倍面積）～

[ALPHA][(−)]（「A」）[+] [ALPHA][° ' "]（「B」）[+] [ALPHA][x^{-1}]（「C」）[=]

（解：41714.3144）

~第4段階：第3段階で算出された倍面積を面積にする~
÷ 2 =　（解：20857.1572）

計算例②－略式の電卓操作

	F	G	K
X	-80.55	45.45	86.21
Y	-123.12	110.32	-145.23

-80.55	×	(	110.32	−	-145.23	)	=	-20584.5525
45.45	×	(	-145.23	−	-123.12	)	=	-1004.8995
86.21	×	(	-123.12	−	110.32	)	=	-20124.8624
						2 A	=	-41714.3144
						A	=	20857.1572
						地積		20857.15㎡

~第1段階：各点のX座標値×（後の点のY座標値－前の点のY座標値）を算出する~

[−] 80.55 [×] [(] 110.32 [−] [−] 145.23 [)] [=]
　（解：-20584.5525）→解：-20584.5525をAメモリーへ STO [−]

45.45 [×] [(] [−] 145.23 [−] [−] 123.12 [)] [=]
　（解：-1004.8995）→解：-1004.8995をBメモリーへ STO [゜'"]

86.21 [×] [(] [−] 123.12 [−] 110.32 [)] [=]
　（解：-20124.8624）→解：-20124.8624をCメモリーへ STO [x^{-1}]

~第2段階：第1段階の算出値を合計する（倍面積）~
[ALPHA] [−]（「A」）[+] [ALPHA] [゜'"]（「B」）[+] [ALPHA] [x^{-1}]（「C」）[=]
　（解：-41714.3144）

~第3段階：第2段階で算出された倍面積を面積にする~
÷ 2 =　（解：20857.1572）

STEP 2　復習ドリル

> 注
> ・ドリル内に示してある寸法の単位は全て「m（メートル）」です。
> ・角度は全て「°′″」で表わしています。
> ・既知点の座標値の表示は，例えば「A（11.22, 33.44）」としており，カンマ左側がX座標値を，カンマ右側がY座標値を示しています。

ドリル1　次の建物の床面積をメモリー機能を活用し，計算しなさい。なお，計算結果は小数点以下第3位を切り捨てること。

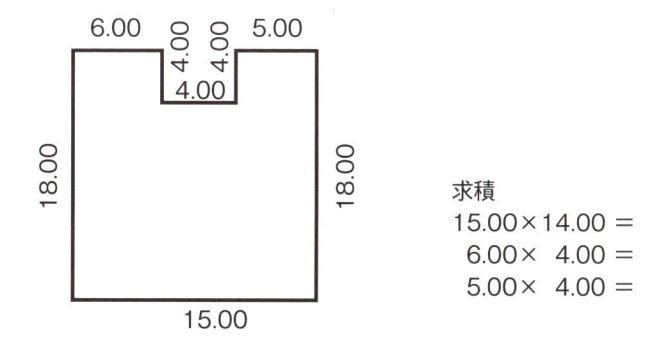

求積
15.00×14.00＝
　6.00×　4.00＝
　5.00×　4.00＝

ドリル2　次の建物の床面積をメモリー機能を活用し，計算しなさい。なお，計算結果は小数点以下第3位を切り捨てること。

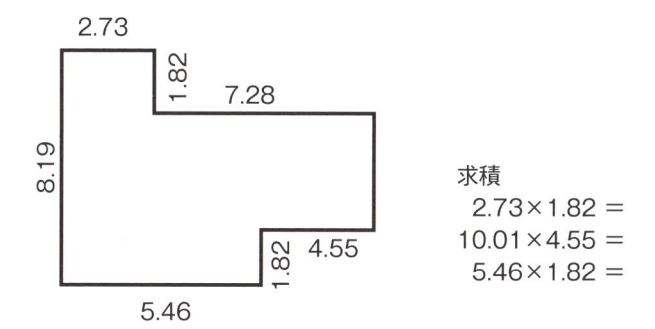

求積
　2.73×1.82＝
10.01×4.55＝
　5.46×1.82＝

ドリル3 次の建物の床面積をメモリー機能を活用し，計算しなさい。なお，計算結果は小数点以下第3位を切り捨てること。

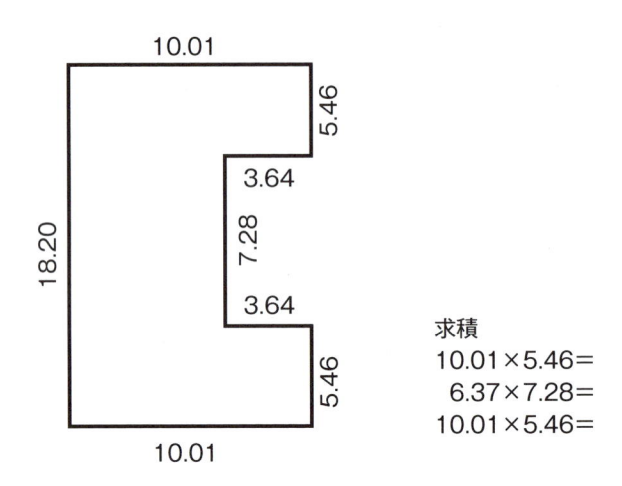

```
            10.01
       ┌───────────┐
       │           │ 5.46
       │      ┌────┤
       │      │ 3.64
18.20  │ 7.28 │
       │      │ 3.64
       │      └────┤
       │           │ 5.46
       └───────────┘
            10.01
```

求積
10.01×5.46＝
6.37×7.28＝
10.01×5.46＝

ドリル4 次の点Aから点Bまでの距離と方向角をPol変換にて計算しなさい。なお，距離の計算結果は小数点以下第3位を四捨五入すること。

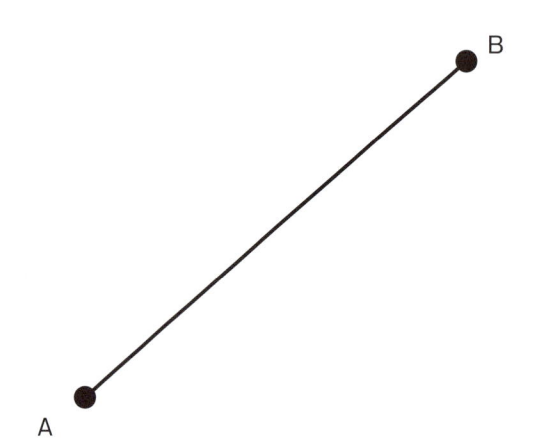

	X座標	Y座標
A	505.16	503.71
B	517.81	525.62

ドリル5 次の点Cから点Dまでの距離と方向角をPol変換にて計算しなさい。なお，距離の計算結果は小数点以下第3位を四捨五入すること。

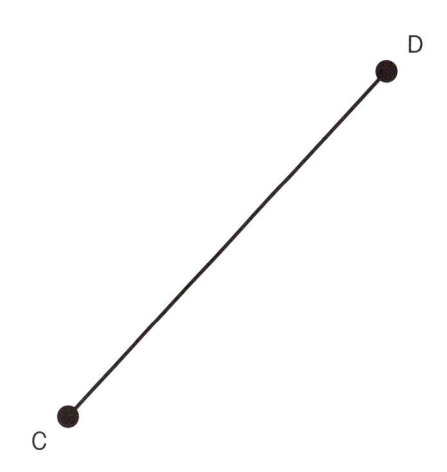

	X座標	Y座標
C	320.31	309.24
D	326.52	315.34

ドリル6 次の点Eから点Fまでの距離と方向角をPol変換にて計算しなさい。なお，距離の計算結果は小数点以下第3位を四捨五入すること。

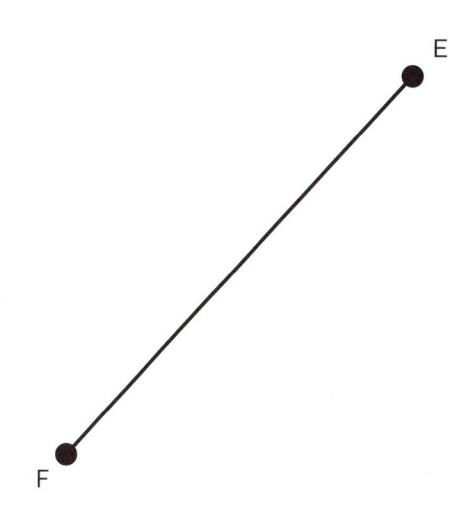

	X座標	Y座標
E	-8015.81	-2516.60
F	-8031.92	-2528.82

ドリル7 次の点Gから点Hまでの距離と方向角をPol変換にて計算しなさい。なお、距離の計算結果は小数点以下第3位を四捨五入すること。

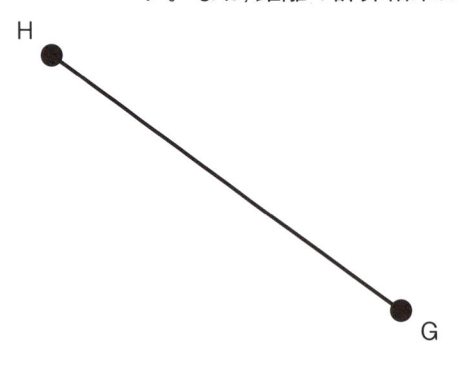

	X座標	Y座標
G	0	32.56
H	15.36	-1.23

ドリル8 次の点Iから点Jまでの距離と方向角をPol変換にて計算しなさい。なお、距離の計算結果は小数点以下第3位を四捨五入すること。

	X座標	Y座標
I	12563.25	13668.30
J	12563.25	13698.30

ドリル9 次の点Kから点Lまでの距離と方向角をPol変換にて計算しなさい。なお、距離の計算結果は小数点以下第3位を四捨五入すること。

	X座標	Y座標
K	587964.89	625487.27
L	587839.53	625487.27

ドリル10 次の図における未知点Bの座標値をRec変換を用いて計算しなさい。なお，計算結果は小数点以下第3位を四捨五入すること。

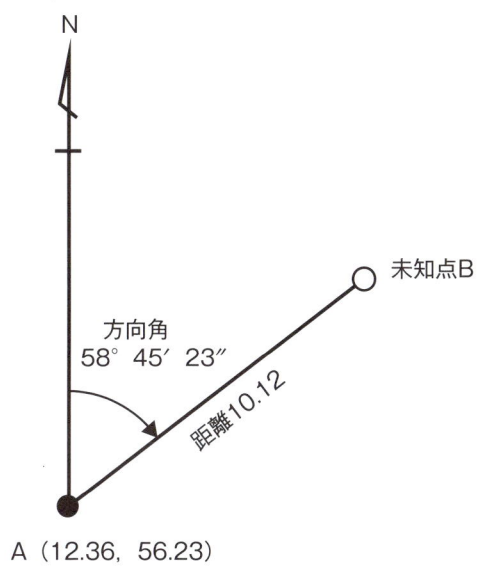

N
方向角 58°45′23″
距離10.12
未知点B
A (12.36, 56.23)

ドリル11 次の図における未知点Dの座標値をRec変換を用いて計算しなさい。なお，計算結果は小数点以下第3位を四捨五入すること。

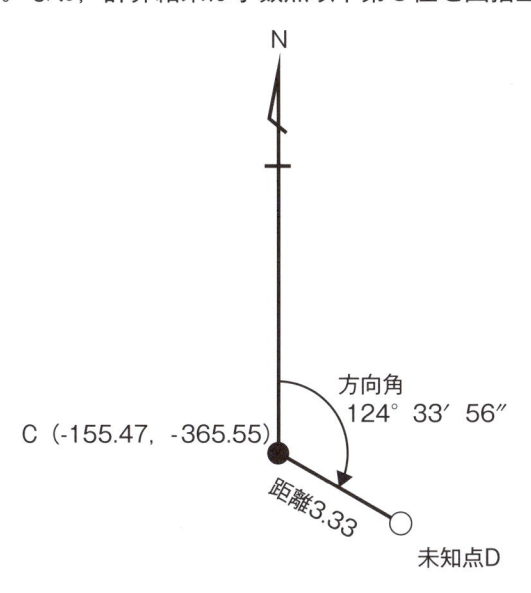

N
C (-155.47, -365.55)
方向角 124°33′56″
距離3.33
未知点D

ドリル12 次の図における未知点Fの座標値をRec変換を用いて計算しなさい。なお，計算結果は小数点以下第3位を四捨五入すること。

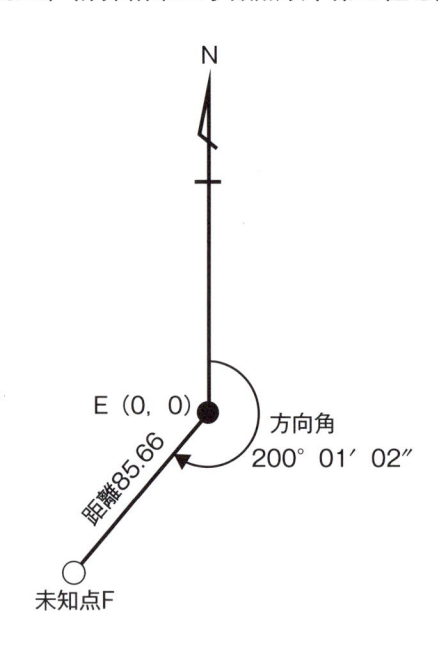

E (0, 0)
距離 85.66
方向角 200° 01′ 02″
未知点F

ドリル13 次の図における未知点Hの座標値をRec変換を用いて計算しなさい。なお，計算結果は小数点以下第3位を四捨五入すること。

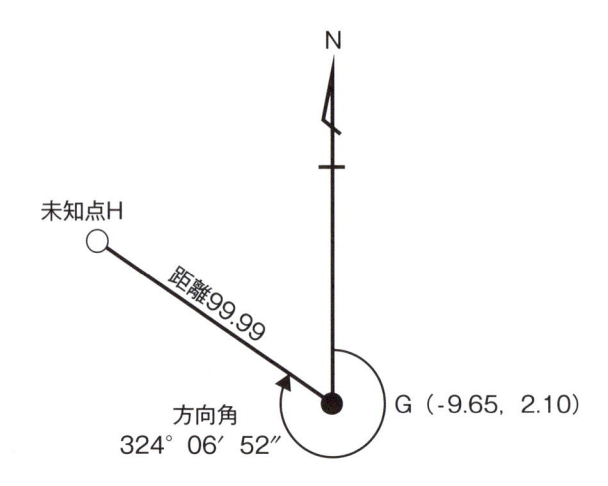

未知点H
距離 99.99
方向角 324° 06′ 52″
G (-9.65, 2.10)

ドリル14　次の図における1番の土地（点A，点B，点C，点D及び点Aで囲まれた部分）と2番の土地（点C，点E，点F，点G，点D及び点Cで囲まれた部分）の面積をメモリー機能を活用して計算しなさい。ただし，計算結果は小数点以下第3位を切り捨てること。

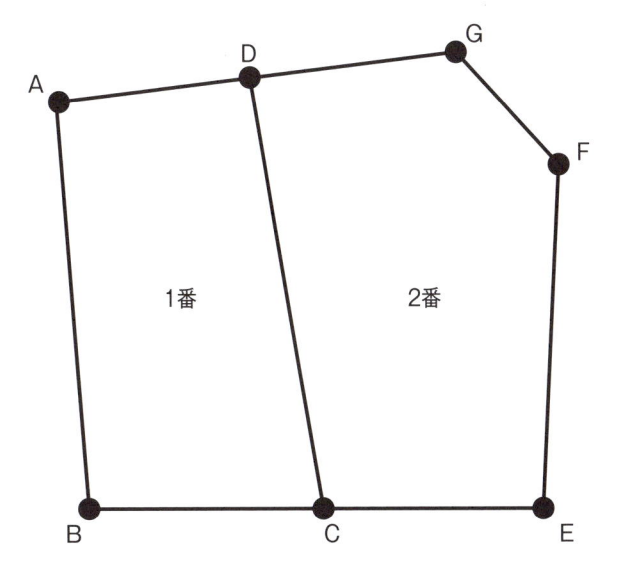

	X座標	Y座標
A	532.49	481.86
B	513.27	484.16
C	513.27	494.28
D	533.69	491.97
E	513.27	504.01
F	531.51	504.65
G	534.67	500.24

ドリル15 次の図における3番の土地（点A，点E，点Q，点P，点C，点B及び点Aで囲まれた部分）と4番の土地（点Q，点D，点P及び点Qで囲まれた部分）の面積をメモリー機能を活用して計算しなさい。ただし，計算結果は小数点以下第3位を切り捨てること。

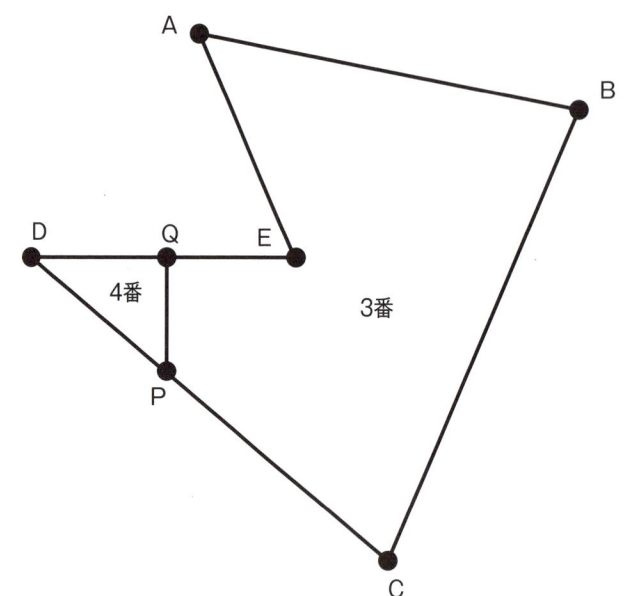

	X座標	Y座標
A	90.28	80.76
B	83.31	97.95
C	65.07	89.04
D	78.12	71.64
E	78.12	85.89
P	71.28	80.76
Q	78.12	80.76

STEP 2 復習ドリル 解答

ドリル1 解答 254.00㎡
操作1 15.00 × 14.00 = STO (-) （解：210→Aメモリーへ）
操作2 6.00 × 4.00 = STO ｡’” （解：24→Bメモリーへ）
操作3 5.00 × 4.00 = STO x^{-1} （解：20→Cメモリーへ）
操作4 ALPHA (-) (「A」) + ALPHA ｡’” (「B」) + ALPHA x^{-1} (「C」) =
（解：254.0000）

ドリル2 解答 60.45㎡
操作1 2.73 × 1.82 = STO (-) （解：4.9686→Aメモリーへ）
操作2 10.01 × 4.55 = STO ｡’” （解：45.5455→Bメモリーへ）
操作3 5.46 × 1.82 = STO x^{-1} （解：9.9372→Cメモリーへ）
操作4 ALPHA (-) (「A」) + ALPHA ｡’” (「B」) + ALPHA x^{-1} (「C」) =
（解：60.4513）

ドリル3 解答 155.68㎡
操作1 10.01 × 5.46 = STO (-) （解：54.6546→Aメモリーへ）
操作2 6.37 × 7.28 = STO ｡’” （解：46.3736→Bメモリーへ）
操作3 10.01 × 5.46 = STO x^{-1} （解：54.6546→Cメモリーへ）
操作4 ALPHA (-) (「A」) + ALPHA ｡’” (「B」) + ALPHA x^{-1} (「C」) =
（解：155.6828）

ドリル4 解答 距離：25.30m，方向角：59° 59′ 58.2″
操作 SHIFT + (「Pol」) 517.81 − 505.16 SHIFT) (「,」)
525.62 − 503.71) =
（解：r = 25.2996166, θ = 59.99949869 ALPHA S⇔D (「y」) ｡’”
= → 59° 59′ 58.2″）

147

ドリル5 　**解答**　距離：8.70m，方向角：44° 29′ 16.9″
操作　● [SHIFT] [+] (「Pol」) 3 2 6 . 5 2 [−] 3 2 0 . 3 1 ● [SHIFT] [ )] (「,」)
　　3 1 5 . 3 4 [−] 3 0 9 . 2 4 [ )] [=]
　　（解：r＝8.704831991，θ＝44.48802859 ● [ALPHA] [S⇔D] (「y」) [° ′ ″]
　　[=] → 44° 29′ 16.9″)

ドリル6 　**解答**　距離：20.22m，方向角：217° 10′ 53.73″
操作　● [SHIFT] [+] (「Pol」) [(−)] 8 0 3 1 . 9 2 [−] [(−)] 8 0 1 5 . 8 1 ● [SHIFT] [ )]
　　(「,」) [(−)] 2 5 2 8 . 8 2 [−] [(−)] 2 5 1 6 . 6 0 [ )] [=]
　　（解：r＝20.22029921，θ＝−142.8184073 ● [ALPHA] [S⇔D] (「y」) [° ′ ″]
　　[=] → −142° 49′ 6.27″ [+] 3 6 0 [° ′ ″] [=]
　　217° 10′ 53.73″)

ドリル7 　**解答**　距離：37.12m，方向角：294° 26′ 42.84″
操作　● [SHIFT] [+] (「Pol」) 1 5 . 3 6 [−] 0 ● [SHIFT] [ )] (「,」) [(−)] 1 . 2 3 [−]
　　3 2 . 5 6 [ )] [=]
　　（解：r＝37.11729651，θ＝−65.55476769 ● [ALPHA] [S⇔D] (「y」) [° ′ ″]
　　[=] → −65° 33′ 17.16″ [+] 3 6 0 [° ′ ″] [=]
　　294° 26′ 42.84″)

ドリル8 　**解答**　距離：30.00m，方向角：90° 0′ 0″
操作　● [SHIFT] [+] (「Pol」) 1 2 5 6 3 . 2 5 [−] 1 2 5 6 3 . 2 5 ● [SHIFT] [ )] (「,」)
　　1 3 6 9 8 . 3 0 [−] 1 3 6 6 8 . 3 0 [ )] [=]
　　（解：r＝30，θ＝90 ● [ALPHA] [S⇔D] (「y」) [° ′ ″] [=] → 90° 0′ 0″)

ドリル9 　**解答**　距離：125.36m，方向角：180° 0′ 0″
操作　● [SHIFT] [+] (「Pol」) 5 8 7 8 3 9 . 5 3 [−] 5 8 7 9 6 4 . 8 9 ● [SHIFT] [ )]
　　(「,」) 6 2 5 4 8 7 . 2 7 [−] 6 2 5 4 8 7 . 2 7 [ )] [=]
　　（解：r＝125.36，θ＝180 ● [ALPHA] [S⇔D] (「y」) [° ′ ″] [=]
　　→ 180° 0′ 0″)

ドリル10 解答　$B_X=17.61$, $B_Y=64.88$

操作1　○ [−] (「Rec」) 10.12 ○ ■ (「,」) 58 ◦'" 45 ◦'" 23 ◦'") [=]
(解：X=5.249020613, Y=8.652293488)

操作2　B_X：12.36 [+] ○ ■ (「x」) [=]　（解：17.60902061)

操作3　B_Y：56.23 [+] ○ S⇔D (「y」) [=]　（解：64.88229349)

ドリル11 解答　$D_X=-157.36$, $D_Y=-362.81$

操作1　○ [−] (「Rec」) 3.33 ○ ■ (「,」) 124 ◦'" 33 ◦'" 56 ◦'") [=]
(解：X=-1.889271499, Y=2.742180374)

操作2　D_X：[(−)] 155.47 [+] ○ ■ (「x」) [=]
(解：-157.3592715)

操作3　D_Y：[(−)] 365.55 [+] ○ S⇔D (「y」) [=]
(解：-362.8078196)

ドリル12 解答　$F_X=-80.49$, $F_Y=-29.32$

操作1　○ [−] (「Rec」) 85.66 ○ ■ (「,」) 200 ◦'" 01 ◦'" 02 ◦'") [=]
(解：X=-80.4852599, Y=-29.32163942)

操作2　F_X：0 [+] ○ ■ (「x」) [=]　（解：-80.4852599)

操作3　F_Y：0 [+] ○ S⇔D (「y」) [=]　（解：-29.32163942)

ドリル13 解答　$H_X=71.36$, $H_Y=-56.51$

操作1　○ [−] (「Rec」) 99.99 ○ ■ (「,」) 324 ◦'" 06 ◦'" 52 ◦'") [=]
(解：X=81.01084221, Y=-58.61095073)

操作2　H_X：[(−)] 9.65 [+] ○ ■ (「x」) [=]　（解：71.36084221)

操作3　H_Y：2.10 [+] ○ S⇔D (「y」) [=]　（解：-56.51095073)

ドリル14　解答　　1番の土地の面積　201.86㎡,
　　　　　　　　　2番の土地の面積　230.91㎡

1番の土地：計算例①－表形式の電卓操作

	X座標（m）	Y座標（m）	$X_{n+1}-X_{n-1}$	$Y_n(X_{n+1}-X_{n-1})$
A	532.49	481.86	-20.42	-9839.5812
B	513.27	484.16	-19.22	-9305.5552
C	513.27	494.28	20.42	10093.1976
D	533.69	491.97	19.22	9455.6634
			倍面積	403.7246
			面　積	201.8623

～第1段階：各段の（$X_{n+1}-X_{n-1}$）を算出する～
Aの段の（$X_{n+1}-X_{n-1}$）
５１３.２７（B_X）[－] ５３３.６９（D_X）[＝]　（解：-20.42）
Bの段の（$X_{n+1}-X_{n-1}$）
５１３.２７（C_X）[－] ５３２.４９（A_X）[＝]　（解：-19.22）
Cの段の（$X_{n+1}-X_{n-1}$）
５３３.６９（D_X）[－] ５１３.２７（B_X）[＝]　（解：20.42）
Dの段の（$X_{n+1}-X_{n-1}$）
５３２.４９（A_X）[－] ５１３.２７（C_X）[＝]　（解：19.22）

～第2段階：各段のY_n（$X_{n+1}-X_{n-1}$）を算出する～
Aの段のY_n（$X_{n+1}-X_{n-1}$）
４８１.８６（A_Y）[×] [(-)] ２０.４２ [＝]
　（解：-9839.5812→Aメモリーへ [STO] [(-)] ）
Bの段のY_n（$X_{n+1}-X_{n-1}$）
４８４.１６（B_Y）[×] [(-)] １９.２２ [＝]
　（解：-9305.5552→Bメモリーへ [STO] [｡ ,,,] ）
Cの段のY_n（$X_{n+1}-X_{n-1}$）
４９４.２８（C_Y）[×] ２０.４２ [＝]
　（解：10093.1976→Cメモリーへ [STO] [x^{-1}] ）
Dの段のY_n（$X_{n+1}-X_{n-1}$）

４９１.９７（D_Y）[×] １９.２２ [=]
（解：9455.6634→Dメモリーへ [STO] [sin] ）

〜第３段階：各段のY_n（X_{n+1}－X_{n-1}）を合計する〜
● [ALPHA] [(-)] （「A」）[+] ● [ALPHA] [,] （「B」）[+] ● [ALPHA] [x^{-1}] （「C」）[+] ● [ALPHA] [sin] （「D」）
[=] （解：403.7246（倍面積））

〜第４段階：第３段階で算出された倍面積を面積にする〜
４０３.７２４６（第３段階で算出された倍面積）[÷] ２ [=]
（解：201.8623）

１番の土地：計算例②－略式の電卓操作

	A	B	C	D
X	532.49	513.27	513.27	533.69
Y	481.86	484.16	494.28	491.97

532.49	×	(	484.16	−	491.97	)	=	-4158.7469
513.27	×	(	494.28	−	481.86	)	=	6374.8134
513.27	×	(	491.97	−	484.16	)	=	4008.6387
533.69	×	(	481.86	−	494.28	)	=	-6628.4298
						2A	=	-403.7246
						A	=	201.8623

〜第１段階：各点のX座標値×（後の点のY座標値－前の点のY座標値）を算出する〜
５３２.４９（A_X）[×] [(] ４８４.１６（B_Y）[-] ４９１.９７（D_Y）[)]
[=]（解：-4158.7469→Aメモリーへ [STO] [(-)] ）
５１３.２７（B_X）[×] [(] ４９４.２８（C_Y）[-] ４８１.８６（A_Y）[)]
[=]（解：6374.8134→Bメモリーへ [STO] [,] ）
５１３.２７（C_X）[×] [(] ４９１.９７（D_Y）[-] ４８４.１６（B_Y）[)]
[=]（解：4008.6387→Cメモリーへ [STO] [x^{-1}] ）
５３３.６９（D_X）[×] [(] ４８１.８６（A_Y）[-] ４９４.２８（C_Y）[)]
[=]（解：-6628.4298→Dメモリーへ [STO] [sin] ）

~第2段階：第1段階の算出値を合計する～
● (-) (「A」) + ●(ALPHA) ｡′″ (「B」) + ●(ALPHA) x^{-1} (「C」) + ●(ALPHA) sin (「D」)
= （解：-403.7246（倍面積））

~第3段階：第2段階で算出された倍面積を面積にする～
４０３．７２４６（第2段階で算出された倍面積） ÷ 2 =
（解：201.8623）

2番の土地：計算例①－表形式の電卓操作

	X座標（m）	Y座標（m）	$X_{n+1} - X_{n-1}$	$Y_n (X_{n+1} - X_{n-1})$
C	513.27	494.28	-20.42	-10093.1976
E	513.27	504.01	18.24	9193.1424
F	531.51	504.65	21.40	10799.5100
G	534.67	500.24	2.18	1090.5232
D	533.69	491.97	-21.40	-10528.1580
			倍面積	461.8200
			面　積	230.9100

~第1段階：各段の（$X_{n+1} - X_{n-1}$）を算出する～
Cの段の（$X_{n+1} - X_{n-1}$）
５１３．２７（E_X） － ５３３．６９（D_X） = （解：-20.42）
Eの段の（$X_{n+1} - X_{n-1}$）
５３１．５１（F_X） － ５１３．２７（C_X） = （解：18.24）
Fの段の（$X_{n+1} - X_{n-1}$）
５３４．６７（G_X） － ５１３．２７（E_X） = （解：21.40）
Gの段の（$X_{n+1} - X_{n-1}$）
５３３．６９（D_X） － ５３１．５１（F_X） = （解：2.18）
Dの段の（$X_{n+1} - X_{n-1}$）
５１３．２７（C_X） － ５３４．６７（G_X） = （解：-21.40）

~第2段階：各段のY$_n$（$X_{n+1} - X_{n-1}$）を算出する～
Cの段のY$_n$（$X_{n+1} - X_{n-1}$）
４９４．２８（C_Y） × (-) ２０．４２ =

（解：-10093.1976→Aメモリーへ STO (-) ）

Eの段のY_n（X_{n+1}−X_{n−1}）
504.01（E_Y）× 18.24 =
　（解：9193.1424→Bメモリーへ STO ｡"' ）

Fの段のY_n（X_{n+1}−X_{n−1}）
504.65（F_Y）× 21.40 =
　（解：10799.5100→Cメモリーへ STO x^{-1} ）

Gの段のY_n（X_{n+1}−X_{n−1}）
500.24（G_Y）× 2.18 =
　（解：1090.5232→Dメモリーへ STO sin ）

Dの段のY_n（X_{n+1}−X_{n−1}）
491.97（D_Y）× (-) 21.40 =
　（解：-10528.1580→Eメモリーへ STO cos ）

～第3段階：各段のY_n（X_{n+1}−X_{n−1}）を合計する～
● ALPHA (-) （「A」）+ ● ALPHA ｡"' （「B」）+ ● ALPHA x^{-1} （「C」）+ ● ALPHA sin （「D」）
+ ● ALPHA cos （「E」）=　（解：461.82（倍面積））

～第4段階：第3段階で算出された倍面積を面積にする～
461.8200（第3段階で算出された倍面積）÷ 2 =　（解：230.91）

153

2番の土地：計算例②－略式の電卓操作

	C	E	F	G	D
X	513.27	513.27	531.51	534.67	533.69
Y	494.28	504.01	504.65	500.24	491.97

513.27	×	(	504.01	−	491.97	)	=	6179.7708
513.27	×	(	504.65	−	494.28	)	=	5322.6099
531.51	×	(	500.24	−	504.01	)	=	-2003.7927
534.67	×	(	491.97	−	504.65	)	=	-6779.6156
533.69	×	(	494.28	−	500.24	)	=	-3180.7924
						2 A	=	-461.8200
						A	=	230.9100

~第1段階：各点のX座標値×（後の点のY座標値－前の点のY座標値）を算出する～

５１３．２７（C_X）[×] [(] ５０４．０１（E_Y）[−] ４９１．９７（D_Y）[)]
[=]（解：6179.7708→Aメモリーへ [STO] [(-)] ）

５１３．２７（E_X）[×] [(] ５０４．６５（F_Y）[−] ４９４．２８（C_Y）
[=]（解：5322.6099→Bメモリーへ [STO] [°'"] ）

５３１．５１（F_X）[×] [(] ５００．２４（G_Y）[−] ５０４．０１（E_Y）
[=]（解：-2003.7927→Cメモリーへ [STO] [x^{-1}] ）

５３４．６７（G_X）[×] [(] ４９１．９７（D_Y）[−] ５０４．６５（F_Y）
[=]（解：-6779.6156→Dメモリーへ [STO] [sin] ）

５３３．６９（D_X）[×] [(] ４９４．２８（C_Y）[−] ５００．２４（G_Y）
[=]（解：-3180.7924→Eメモリーへ [STO] [cos] ）

~第2段階：第1段階の算出値を合計する～

● [ALPHA] [(-)]（「A」）[+] ● [ALPHA] [°'"]（「B」）[+] ● [ALPHA] [x^{-1}]（「C」）[+] ● [ALPHA] [sin]（「D」）
[+] ● [ALPHA] [cos]（「E」）[=] （解：-461.82（倍面積））

~第3段階：第2段階で算出された倍面積を面積にする～

４６１．８２００（第2段階で算出された倍面積）[÷] ２ [=] （解：230.91）

ドリル15 解答　3番の土地の面積　235.29㎡、
　　　　　　　　4番の土地の面積　31.19㎡

3番の土地：計算例①－表形式の電卓操作

	X座標（m）	Y座標（m）	$X_{n+1} - X_{n-1}$	$Y_n(X_{n+1} - X_{n-1})$
A	90.28	80.76	-5.19	-419.1444
E	78.12	85.89	-12.16	-1044.4224
Q	78.12	80.76	-6.84	-552.3984
P	71.28	80.76	-13.05	-1053.9180
C	65.07	89.04	12.03	1071.1512
B	83.31	97.95	25.21	2469.3195
			倍面積	470.5875
			面　積	235.29375

～第1段階：各段の（$X_{n+1} - X_{n-1}$）を算出する～

Aの段の（$X_{n+1} - X_{n-1}$）
78.12（E_X）[－]**83.31**（B_X）[＝]　（解：-5.19）
Eの段の（$X_{n+1} - X_{n-1}$）
78.12（Q_X）[－]**90.28**（A_X）[＝]　（解：-12.16）
Qの段の（$X_{n+1} - X_{n-1}$）
71.28（P_X）[－]**78.12**（E_X）[＝]　（解：-6.84）
Pの段の（$X_{n+1} - X_{n-1}$）
65.07（C_X）[－]**78.12**（Q_X）[＝]　（解：-13.05）
Cの段の（$X_{n+1} - X_{n-1}$）
83.31（B_X）[－]**71.28**（P_X）[＝]　（解：12.03）
Bの段の（$X_{n+1} - X_{n-1}$）
90.28（A_X）[－]**65.07**（C_X）[＝]　（解：25.21）

～第2段階：各段のY_n（$X_{n+1} - X_{n-1}$）を算出する～

Aの段のY_n（$X_{n+1} - X_{n-1}$）
80.76（A_Y）[×][(-)]**5.19**[＝]
　（解：-419.1444→Aメモリーへ [STO][(-)]）

Eの段のY$_n$（X$_{n+1}$－X$_{n-1}$）
85.89（E$_Y$）[×] [(-)] 12.16 [=]
　（解：-1044.4224→Bメモリーへ [STO] [°'"] ）
Qの段のY$_n$（X$_{n+1}$－X$_{n-1}$）
80.76（Q$_Y$）[×] [(-)] 6.84 [=]
　（解：-552.3984→Cメモリーへ [STO] [x^{-1}] ）
Pの段のY$_n$（X$_{n+1}$－X$_{n-1}$）
80.76（P$_Y$）[×] [(-)] 13.05 [=]
　（解：-1053.9180→Dメモリーへ [STO] [sin] ）
Cの段のY$_n$（X$_{n+1}$－X$_{n-1}$）
89.04（C$_Y$）[×] 12.03 [=]
　（解：1071.1512→Eメモリーへ [STO] [cos] ）
Bの段のY$_n$（X$_{n+1}$－X$_{n-1}$）
97.95（B$_Y$）[×] 25.21 [=]
　（解：2469.3195→Fメモリーへ [STO] [tan] ）

～第3段階：各段のY$_n$（X$_{n+1}$－X$_{n-1}$）を合計する～
[ALPHA] [(-)]（「A」）[+] [ALPHA] [°'"]（「B」）[+] [ALPHA] [x^{-1}]（「C」）[+] [ALPHA] [sin]（「D」）[+] [ALPHA] [cos]（「E」）[+] [ALPHA] [tan]（「F」）[=]　（解：470.5875（倍面積））

～第4段階：第3段階で算出された倍面積を面積にする～
470.5875（第3段階で算出された倍面積）[÷] 2 [=]
　（解：235.29375）

3番の土地：計算例②－略式の電卓操作

	A	E	Q	P	C	B
X	90.28	78.12	78.12	71.28	65.07	83.31
Y	80.76	85.89	80.76	80.76	89.04	97.95

90.28	×	(	85.89	－	97.95	)	=	-1088.7768
78.12	×	(	80.76	－	80.76	)	=	0
78.12	×	(	80.76	－	85.89	)	=	-400.7556
71.28	×	(	89.04	－	80.76	)	=	590.1984
65.07	×	(	97.95	－	80.76	)	=	1118.5533
83.31	×	(	80.76	－	89.04	)	=	-689.8068
						2 A	=	-470.5875
						A	=	235.29375

～第1段階：各点のX座標値×（後の点のY座標値－前の点のY座標値）を算出する～

90.28（A$_X$）[×] [(] **85.89**（E$_Y$）[－] **97.95**（B$_Y$）[)] [=]
（解：-1088.7768→Aメモリーへ STO [(-)]）

78.12（E$_X$）[×] [(] **80.76**（Q$_Y$）[－] **80.76**（A$_Y$）[)] [=]
（解：0→Bメモリーへ STO [｡,,,]）

78.12（Q$_X$）[×] [(] **80.76**（P$_Y$）[－] **85.89**（E$_Y$）[)] [=]
（解：-400.7556→Cメモリーへ STO [x^{-1}]）

71.28（P$_X$）[×] [(] **89.04**（C$_Y$）[－] **80.76**（Q$_Y$）[)] [=]
（解：590.1984→Dメモリーへ STO [sin]）

65.07（C$_X$）[×] [(] **97.95**（B$_Y$）[－] **80.76**（P$_Y$）[)] [=]
（解：1118.5533→Eメモリーへ STO [cos]）

83.31（B$_X$）[×] [(] **80.76**（A$_Y$）[－] **89.04**（C$_Y$）[)] [=] （解：-689.8068→Fメモリーへ STO [tan]）

～第2段階：第1段階の算出値を合計する～

● ALPHA [(-)]（「A」）[+] ● ALPHA [｡,,,]（「B」）[+] ● ALPHA [x^{-1}]（「C」）[+] ● ALPHA [sin]（「D」）[+] ● ALPHA [cos]（「E」）[+] ● ALPHA [tan]（「F」）[=] （解：-470.5875（倍面積））

~第3段階：第2段階で算出された倍面積を面積にする~
４７０．５８７５（第2段階で算出された倍面積） ÷ ２ ＝
（解：235.29375）

4番の土地：計算例①－表形式の電卓操作

	X座標（m）	Y座標（m）	$X_{n+1}-X_{n-1}$	$Y_n(X_{n+1}-X_{n-1})$
Q	78.12	80.76	6.84	552.3984
D	78.12	71.64	-6.84	-490.0176
P	71.28	80.76	0	0
			倍面積	62.3808
			面　積	31.1904

~第1段階：各段の（$X_{n+1}-X_{n-1}$）を算出する~
Qの段の（$X_{n+1}-X_{n-1}$）
７８．１２（D_X）－ ７１．２８（P_X）＝ （解：6.84）
Dの段の（$X_{n+1}-X_{n-1}$）
７１．２８（P_X）－ ７８．１２（Q_X）＝ （解：-6.84）
Pの段の（$X_{n+1}-X_{n-1}$）
７８．１２（Q_X）－ ７８．１２（D_X）＝ （解：0）

~第2段階：各段のY$_n$（$X_{n+1}-X_{n-1}$）を算出する~
Qの段のY$_n$（$X_{n+1}-X_{n-1}$）
８０．７６（Q_Y）× ６．８４ ＝
　（解：552.3984→AメモリーへSTO (-)）
Dの段のY$_n$（$X_{n+1}-X_{n-1}$）
７１．６４（D_Y）× (-) ６．８４ ＝
　（解：-490.0176→BメモリーへSTO ｡,"）
Pの段のY$_n$（$X_{n+1}-X_{n-1}$）
８０．７６（P_Y）× ０ ＝ （解：0）

計算結果が0なのにメモリーに入れなきゃならないのかな？

> そんなの結果は同じなんだから，自分の判断で決めればいいでしょ！

> うーん……，どうしたらいいんだろう……。

> メモリー数の勘違いを防止するために0であっても入力する人もいますし，入力する手間を省略するため入力しない人もいますね。ご自分にとって間違いがなく，計算しやすい方法を選択してください。

～第3段階：各段のY_n（$X_{n+1}-X_{n-1}$）を合計する～
● [(-)]（「A」）[+] ● [о,,,]（「B」）[=]　（解：62.3808（倍面積））

～第4段階：第3段階で算出された倍面積を面積にする～
６２．３０８（第3段階で算出された倍面積）[÷] 2 [=]　（解：31.1904）

4番の土地：計算例②－略式の電卓操作

	Q	D	P
X	78.12	78.12	71.28
Y	80.76	71.64	80.76

78.12	×	(	71.64	−	80.76	)	=	-712.4544
78.12	×	(	80.76	−	80.76	)	=	0
71.28	×	(	80.76	−	71.64	)	=	650.0736
						2A	=	-62.3808
						A	=	31.1904

~第1段階:各点のX座標値×(後の点のY座標値-前の点のY座標値)を算出する~

78.12（Q_X） [X] [(] 71.64（D_Y） [-] 80.76（P_Y） [)] [=]
（解:-712.4544→Aメモリーへ [STO] [(-)]）

78.12（D_X） [X] [(] 80.76（P_Y） [-] 80.76（Q_Y） [)] [=]
（解:0）

71.28（P_X） [X] [(] 80.76（Q_Y） [-] 71.64（D_Y） [)] [=]
（解:650.0736→Bメモリーへ [STO] [｡,,,]）

~第2段階:第1段階の算出値を合計する~
[ALPHA] [(-)]（「A」）[+] [ALPHA] [｡,,,]（「B」）[=] （解:-62.3808（倍面積））

~第3段階:第2段階で算出された倍面積を面積にする~
62.3808（第2段階で算出された倍面積）[÷] 2 [=] （解:31.1904）

STEP 3
特殊モードにおける操作の修得

Lesson 7　特殊操作

復習ドリル

Lesson 7　特殊操作

ここでは，本機が有する特殊な計算モードを紹介していきます。
　ただ，STEP2 Lesson6までの内容で，土地家屋調査士試験に対応するための関数電卓操作は必要十分といえます。したがって，ここで紹介する特殊操作についてはマスターしてもしなくても試験の合否にはまったく影響ありませんので，自分のスキルに取り入れるかどうかはご自身で判断するようにしてください。

1　連立方程式モード

本機には「連立方程式モード」という計算モードが搭載されています。この機能を活用することにより，土地家屋調査士試験において頻出の計算である"交点計算"を簡便に行うことができます。

（1）交点計算について

2直線の交点の座標値は，両直線の連立方程式の解を得ることにより求められます。例えば，下図直線ABと直線CDの交点Qは，以下の手順により計算します。

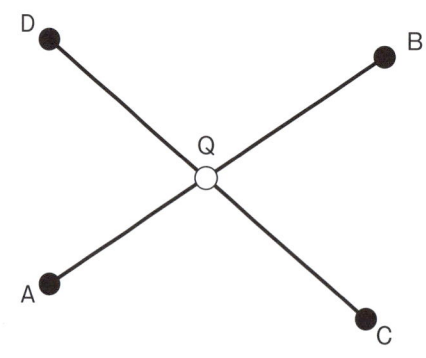

	X座標（m）	Y座標（m）
A	100.00	99.00
B	130.00	133.00
C	97.00	130.00
D	133.00	102.00

手順①：直線ABの方程式を立てる。→y＝ax＋b（a＝傾き，b＝y切片）
手順②：直線CDの方程式を立てる。→y＝cx＋d（c＝傾き，d＝y切片）
手順③：直線ABと直線CDの連立方程式の解を得る。

手順①：直線ＡＢの方程式を立てる。

点Ａ及び点Ｂの座標値から，直線ＡＢの方程式は次のとおりとなります。

$$y = \frac{B_Y - A_Y}{B_X - A_X}(x - A_X) + A_Y$$

$$= \frac{133.00 - 99.00}{130.00 - 100.00}(x - 100.00) + 99.00$$

$$= 1.133333333x - 14.33333333$$

通常操作1（傾きaの算出）：■ 133.00 [−] 99.00 ■ [÷] ■ 130.00 [−] 100.00 ■ [=]

（解：1.133333333）

通常操作2（切片bの算出）：1.133333333 [×] [(−)] 100.00 [+] 99.00 [=]

（解：-14.33333333）

したがって，直線ＡＢ式は，「y＝1.133333333x－14.33333333」となります。

手順②：直線ＣＤの方程式を立てる。

点Ｃ及び点Ｄの座標値から，直線ＣＤの方程式は次のとおりとなります。

$$y = \frac{D_Y - C_Y}{D_X - C_X}(x - C_X) + C_Y$$

$$= \frac{102.00 - 130.00}{133.00 - 97.00}(x - 97.00) + 130.00$$

$$= -0.7777777778x + 205.4444444$$

通常操作1（傾きcの算出）：■ 102.00 [−] 130.00 ■ [÷] ■ 133.00 [−] 97.00 ■ [=]

（解：-0.7777777778）

通常操作2（切片bの算出）：[(−)] 0.7777777778 [×] [(−)] 97.00 [+] 130.00 [=]

（解：205.4444444）

したがって，直線ＣＤ式は，「y＝-0.7777777778x＋205.4444444」となります。

手順③：直線ＡＢと直線ＣＤの連立方程式の解を得る。

　　$y = 1.133333333x - 14.33333333 = -0.7777777778x + 205.4444444$
　　　↓変形する
　　$1.133333333x + 0.7777777778x = 205.4444444 + 14.33333333$
　　　↓変形する
　　$1.911111111x = 219.7777777$
　　　↓
　　$x = 115.00$ （Q_X）
　　　↓「x＝115.00」を直線ＡＢ式又は直線ＣＤ式に代入（ここでは，直線ＡＢ式に代入）
　　$y = 1.133333333 \times 115.00 - 14.33333333$
　　　↓
　　$y = 116.00$ （Q_Y）

> なんでこんなに3ばかりなのかな……。
> いくつ入力したか分からなくなってしまうよ……。

> よしゆきさん，そういう時はね，数字を3個ずつ区切ってカンマ「，」を付けると間違えにくくなるわよ！

　以上が，通常モードにおける交点計算の基本的な作業となります。

（2）連立方程式モードへの移行

　モードの切り替えは，次の操作となります。
　●（MENU SETUP）キーを押します。

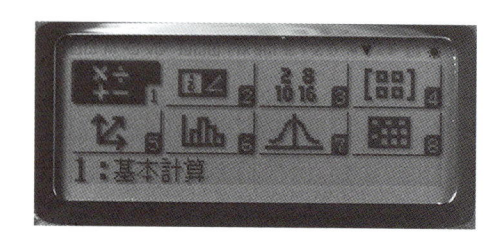

MENU SETUP
● キーを押すと前頁の写真の画面になります。
↓
十字キーで「Ａ：方程式/関数　計算」モードを選択します。

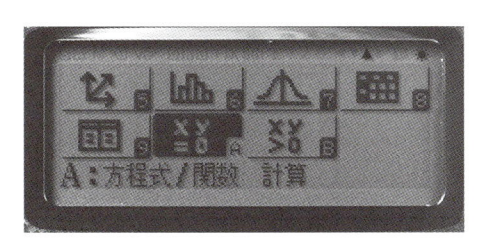

> MENU SETUP
> ●　[(-)] でも「Ａ：方程式/関数　計算」モードを選択することができます。

カーソルを「Ａ：方程式/関数　計算」の位置に移動させ [=] を押します。

[1] を押して「連立方程式」を選択します。

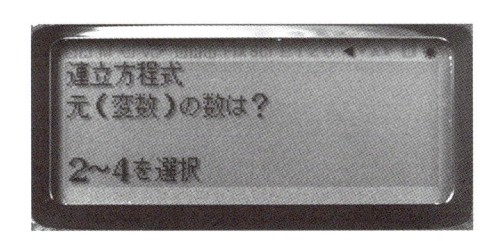

「連立方程式　元（変数）の数は？」と聞かれるので，[2] を選択します。

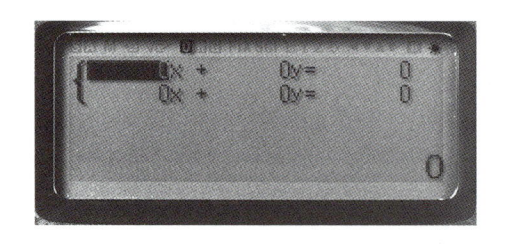

これで，連立方程式モードへ移行しました。通常モードに戻す場合は，MENU SETUP ● ①と押してください。

> 連立方程式モードへ移動した後，同モードから出なければ，電源を切っても入力内容は保持されたままとなります。

(3) 連立方程式モードでの計算

では，同じ事例を用い，連立方程式モードにて計算してみましょう。

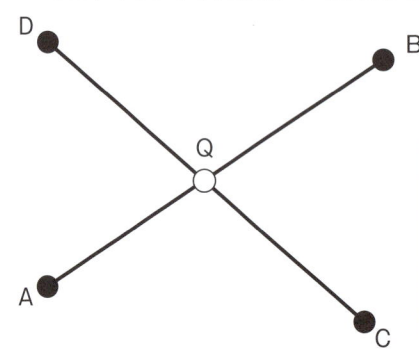

	X座標（m）	Y座標（m）
A	100.00	99.00
B	130.00	133.00
C	97.00	130.00
D	133.00	102.00

直線AB式→y＝1.133333333x－14.33333333
直線CD式→y＝-0.7777777778x＋205.4444444
↓
まず，この式を連立方程式モード入力用に変形します。
↓
直線AB式→1.133333333x－1y＝14.33333333
直線CD式→-0.7777777778x－1y＝-205.4444444
次に，この数値どおり入力していきます。

166

……どうしてわざわざ式を変形しなければならないんだろう……？

　　この電卓の連立方程式モードの入力フォームに合わせるためでしょ，よしゆきさん！ ディスプレイ上に「0ｘ＋0ｙ＝0」となっているから，あらかじめその形式にしてるんでしょ。

　　そうですね。変形する際には「＋」「－」の符号に注意するようにしてください。ちなみに，変形後の「ｙ」の値は必ず「-1」になりますので覚えておくとよいでしょう。

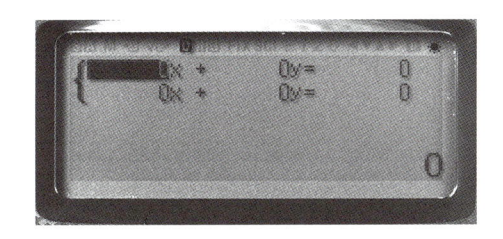

上段左（ｘ数値部分）にカーソルを合わせ，1.133333333 ［＝］と入力します。
　↓
上段真ん中（ｙ数値部分）にカーソルを合わせ，［－］1 ［＝］と入力します。
　↓
上段右にカーソルを合わせ，14.33333333 ［＝］と入力します。
　↓
下段左（ｘ数値部分）にカーソルを合わせ，［－］0.7777777778 ［＝］と入力します。
　↓
下段真ん中（ｙ数値部分）にカーソルを合わせ，［－］1 ［＝］と入力します。
　↓

下段右にカーソルを合わせ，[-] 205.4444444 [=] と入力します。

> 「y」の値は [1] と入力して「1y」とするんだね……。

そして，この連立方程式の解を得るために，さらに [=] と入力すると，まず x の値である「x＝115」が得られます。

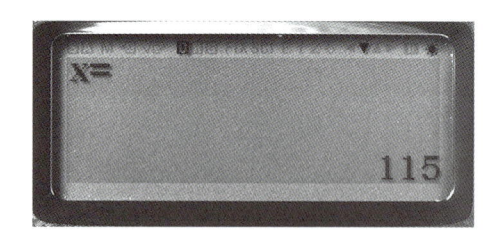

この状態から，y の値を得るために，さらに [=] を押すと「y＝116」と表示されます。

（4）例題

例題1 次の直線ＡＢと直線ＣＤの交点Ｑの座標値を連立方程式モードで算出しなさい。ただし，座標値の計算結果は小数点以下第３位を四捨五入すること。

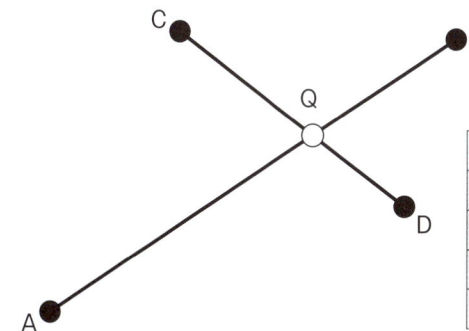

	Ｘ座標（m）	Ｙ座標（m）
Ａ	62.98	66.22
Ｂ	65.23	83.02
Ｃ	70.26	73.67
Ｄ	64.42	75.12

解答

$Q_x ≒ 64.18$ m
$Q_Y ≒ 75.18$ m

直線の方程式：
直線ＡＢ式：y＝7.466666667x－404.0306667
直線ＣＤ式：y＝-0.2482876712x＋91.11469178
　↓連立方程式モード入力用に変形
直線ＡＢ式：7.466666667x－y＝404.0306667
直線ＣＤ式：-0.2482876712x－y＝-91.11469178

操作

上段左（x数値部分）にカーソルを合わせ，**7.466666667** ＝ と入力します。
　↓
上段真ん中（y数値部分）にカーソルを合わせ，**(−) 1** ＝ と入力します。
　↓
上段右にカーソルを合わせ，**404.0306667** ＝ と入力します。
　↓

下段左（x数値部分）にカーソルを合わせ，[(-)] 0.2482876712 [=] と入力します。
↓
下段真ん中（y数値部分）にカーソルを合わせ，[(-)] 1 [=] と入力します。
↓
下段右にカーソルを合わせ，[(-)] 91.11469178 [=] と入力します。
↓
そして，この連立方程式の解を得るために，さらに [=] と入力すると，まずxの値である「x＝64.17994673」が得られます。
↓
この状態から，yの値を得るために，さらに [=] を押すと「y＝75.17960227」と表示されます。
↓
したがって，Q_x≒64.18m，Q_Y≒75.18mとなります。

[例題2] 次の直線ＡＣと直線ＢＤの交点Ｑの座標値を連立方程式モードで算出しなさい。ただし，座標値の計算結果は，小数点以下第3位を四捨五入すること。

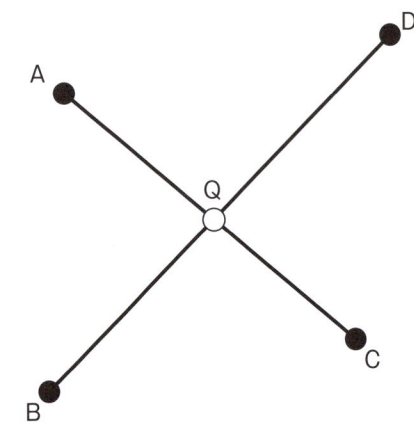

	Ｘ座標（m）	Ｙ座標（m）
A	100.00	120.00
B	70.00	110.00
C	80.00	140.00
D	140.00	150.00

[解答]
Q_X≒95.45m
Q_Y≒124.55m

直線の方程式：
直線ＡＣ式：y＝-1x＋220.00
直線ＢＤ式：y＝0.5714285714x＋70.00
　↓連立方程式モード入力用に変形
直線ＡＣ式：-1x－y＝-220.00
直線ＢＤ式：0.5714285714x－y＝-70.00

操作

上段左（x数値部分）にカーソルを合わせ，**(-)** 1 **=** と入力します。
　↓
上段真ん中（y数値部分）にカーソルを合わせ，**(-)** 1 **=** と入力します。
　↓
上段右にカーソルを合わせ，**(-) 220.00** **=** と入力します。
　↓
下段左（x数値部分）にカーソルを合わせ，**0.5714285714** **=** と入力します。
　↓
下段真ん中（y数値部分）にカーソルを合わせ，**(-)** 1 **=** と入力します。
　↓
下段右にカーソルを合わせ，**(-) 70.00** **=** と入力します。
　↓
そして，この連立方程式の解を得るために，さらに **=** と入力すると，まずxの解である「x＝95.45454546」が得られます。
　↓
この状態から，yの値を得るために，さらに **=** を押すと「y＝124.5454545」と表示されます。
　↓
したがって，Q_x≒95.45m，Q_Y≒124.55mとなります。

交点計算モードについては以上です。いかがでしたか？

> 式の変形が面倒なので,正直,利用するかどうか迷っています……。

> でも,連立方程式を解くには,結局2つの式を変形して計算することになるから,その手間としては一緒じゃない？

> あ……,そうか……。じゃあ,使ってみようかな……。

> 無理して使う必要はありませんから,少し試してみてご自分に合うようでしたら,本試験でも活用してみてください。

２ 表計算モード

　本機には,表計算モードが搭載されています。表計算モードでは,45行×5列（Ａ１からＥ45まで）の表を使った計算が実行できます。
　表計算モードには,　●（MENU SETUP）　[8]　を入力すると移行できます。

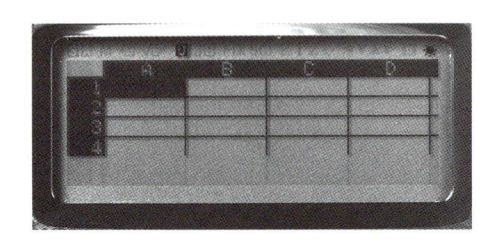

> 通常モードに戻るには　●（MENU SETUP）　[1]　と入力してください。

　この表計算モードを（1）筆界点間の距離の算出と（2）土地の面積の算出に活用してみましょう。

(1) 筆界点間の距離の算出

　表計算モードを活用することにより，筆界点間の距離を算出することができます。

|例示1| 次の点ＰＱの点間距離を表計算モードで求めなさい。

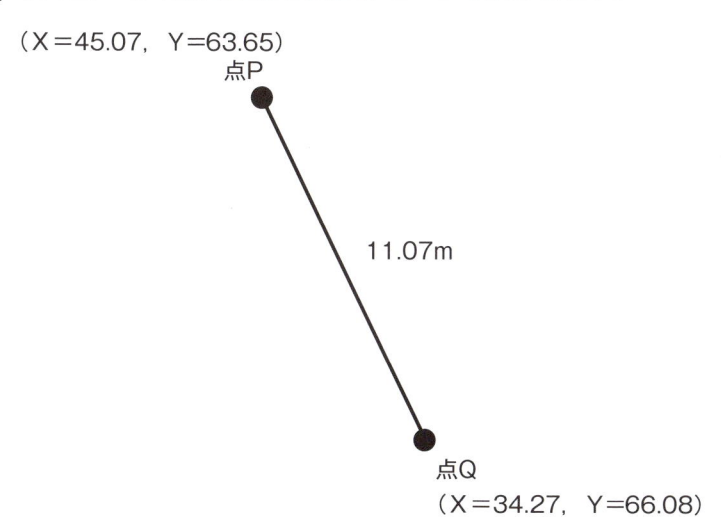

（X＝45.07，Y＝63.65）
点P

11.07m

点Q
（X＝34.27，Y＝66.08）

事前操作：　まず，点Ｐと点Ｑの筆界点間の距離を算出するための計算式である「$\sqrt{(P_X-Q_X)^2+(P_Y-Q_Y)^2}$」をあらかじめ任意のセル（マス）に入力しておきます。ここでは，Ｃ２のセルに当該計算式を入力することとします。

> このかっこの入力を忘れないように注意してください。

① カーソルをＣ２セルに移動する。
↓
② ● [CALC]（「＝」）[√□] [(] ● [(-)]（「Ａ」）[1] [-] ● [(-)]（「Ａ」）[2] [)] [x^2] [+] [(] ● [,]（「Ｂ」）[1] [-] ● [,]（「Ｂ」）[2] [)] [x^2] [)] [=]

　※Ａ１セルにP_X，Ｂ１セルにP_Y，Ａ２セルにQ_X，Ｂ２セルにQ_Yを割り当てていることになります。
↓

③ A1セルにP$_X$の座標値，B1セルにP$_Y$の座標値，A2セルにQ$_X$の座標値，B2セルにQ$_Y$の座標値をそれぞれ入力し，答えを得る。
※座標値の入力は 数値 = と押します。

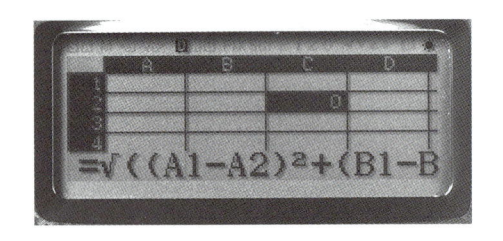

↑②の計算式をC2セルに入力した状態（C2セルには「0」が表示されています。）

入力を誤った場合は DEL キーで消去できます。

↑③で点P，Qそれぞれの座標値を入力して答えを得た状態（C2セルには，答えである「11.07」が表示されています。）

例示2 次の点ＡＢの点間距離を表計算モードで求めなさい。

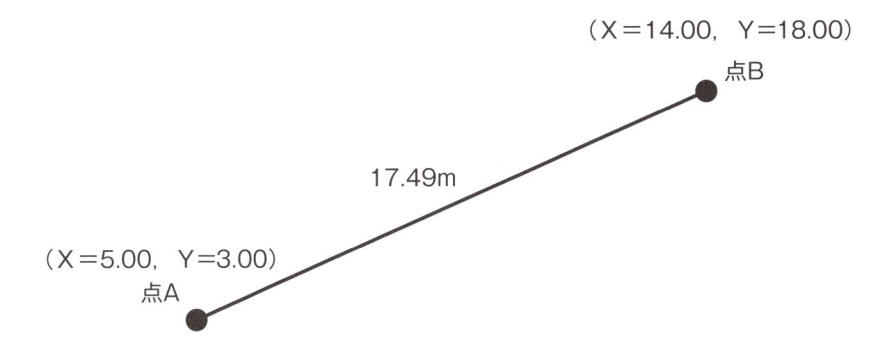

（Ｘ＝14.00，Ｙ＝18.00）
点Ｂ

17.49m

（Ｘ＝5.00，Ｙ＝3.00）
点Ａ

操作

先程の 例示1 の状態のまま，Ａ１・Ｂ１セルにＡ座標値を，Ａ２・Ｂ２セルにＢ座標値をそれぞれ入力することにより，点Ａと点Ｂの点間距離を求めることができます。

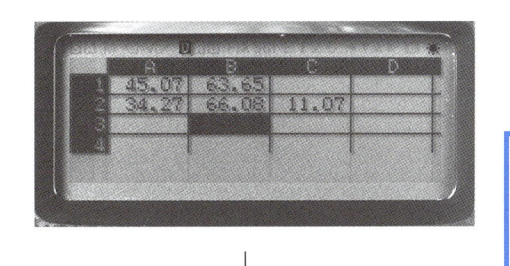

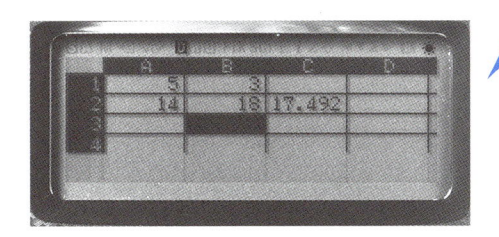

↓

> 例示1 で入力した値に，本例示の点Ａ座標値と点Ｂ座標値を上書きして答えを得ることができます。

今，教わったとおりにセルの割り当てをしなければならないのかなぁ……？

いえ，そんなことはありません。どのセルに何を割り当てるかは任意に決定することができますので，ご自身が最も入力しやすいセルの割り当てを選択するようにしてください。

じゃあ，私は縦に入力していきたいから，Ａ１セルとＡ２セルに１点目のＸ座標値とＹ座標値を，Ｂ１セルとＢ２セルに２点目のＸ座標値とＹ座標値を割り当てることにしようっと！

そうですね，その方法も効率的だと思います。ただ，ひとつ重要なことは「どのセルに何を割り当てたか」を忘れないようにすることです。

だいじょうぶかなぁ……。覚えてられるか不安だなぁ……。

だいじょうぶよ，よしゆきさん！　筆界点間の距離はこれから何度も計算することになるから，やってるうちに忘れられなくなるわよ！

例題 次の土地の各筆界点間の距離を算出しなさい。ただし，計算結果は小数点以下第3位を四捨五入するものとする。

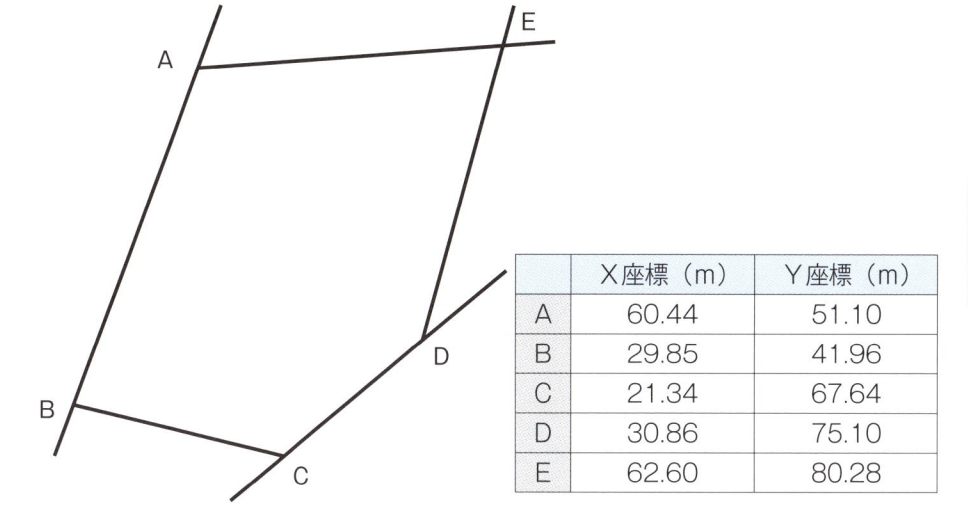

	X座標（m）	Y座標（m）
A	60.44	51.10
B	29.85	41.96
C	21.34	67.64
D	30.86	75.10
E	62.60	80.28

事前操作： C2セルに筆界点間距離の計算式を入力します。

● [ALPHA] [CALC]（「=」）[√‾] [(] ● [ALPHA] [(-)]（「A」）[1] [−] ● [ALPHA] [(-)]（「A」）[2] [)] [x^2]
[+] [(] ● [ALPHA] [,]（「B」）[1] [−] ● [ALPHA] [,]（「B」）[2] [)] [x^2] [)] [=]

※例示1・2で移行した表計算モードから通常モード等へ移行していなければ，例示1・2でC2セルに入力した計算式はそのまま記憶されていますので，事前操作は必要ありません。

操作 A1及びA2セルに計算したい各筆界点のXの座標値，B1及びB2セルに計算したい各筆界点のYの座標値をそれぞれ入力し，答えを得る。
※座標値の入力は，数値 [=] と押します。

> 入力を誤った場合は [DEL] キーで消去できます。

> 解答

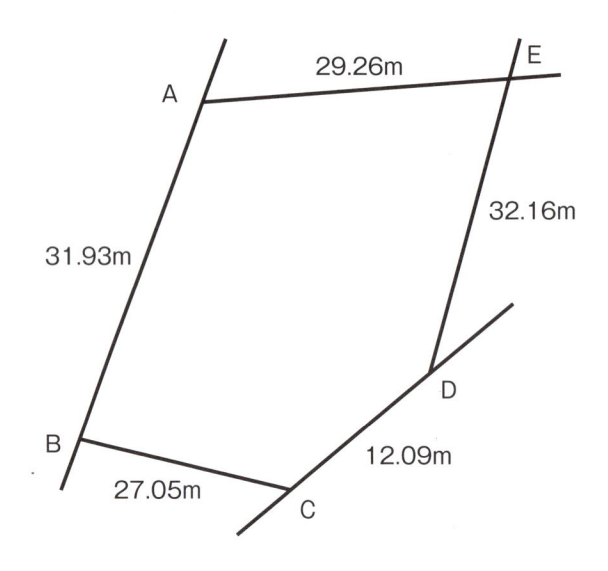

[図: 五角形ABCDE。辺AE = 29.26m、辺ED = 32.16m、辺DC = 12.09m、辺CB = 27.05m、辺BA = 31.93m]

(2) 土地の面積の算出

ここからは，表計算モードによる土地の面積の算出方法を確認していきます。表計算モードに移行するには，　●（MENU SETUP）　[8]を押してください。

※一度表計算モードに入った場合，他のモードに移行しない限り，電源をOFFにしても表計算モードのままであり，入力した数値や数式も記憶されています。

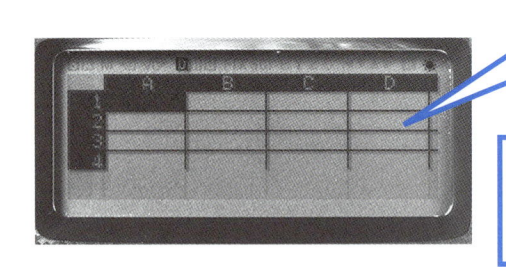

[電卓画面の写真]

既に入力している内容がある場合は，どうしたらいいんだろう……。

よしゆきさん，[OPTN] [▼] [3] と操作すると，全ての内容を消去できるわよ！

え，ちょっと待って……。[OPTN] [▼] [3] の操作がよくわからないよ…。

では，[OPTN] [▼] [3] の操作について，少し詳しく説明しましょう。

〜 OPTN ▼ 3 の操作について〜

まず，表計算モードの状態で OPTN キーを押します。

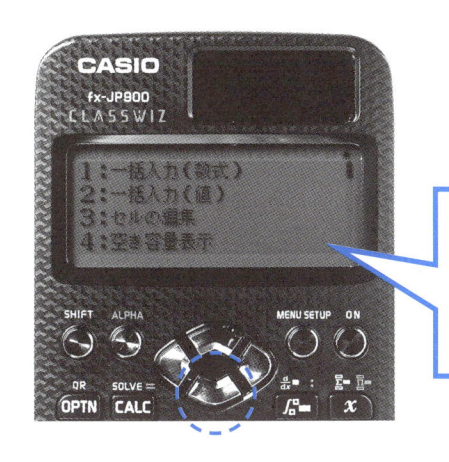

> OPTN キーを押した状態のディスプレイです。このメニューの中には，データの削除に関する項目がありませんので，十字キーの ▼ を1回押します。

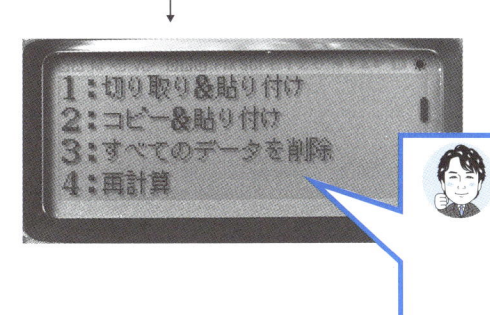

↓

> 十字キーの ▼ を1回押した状態のディスプレイです。このメニューの中に「3：すべてのデータを削除」という項目がありますので，3 を入力し，すべてのデータを削除します。

　それでは，以下例示に沿って表計算モードによる土地の面積の算出操作を確認していきましょう。

> 例示　次の図における筆界点Ａ，Ｂ，Ｃ，Ｄ及びＡで囲まれた土地の地積を求めなさい。

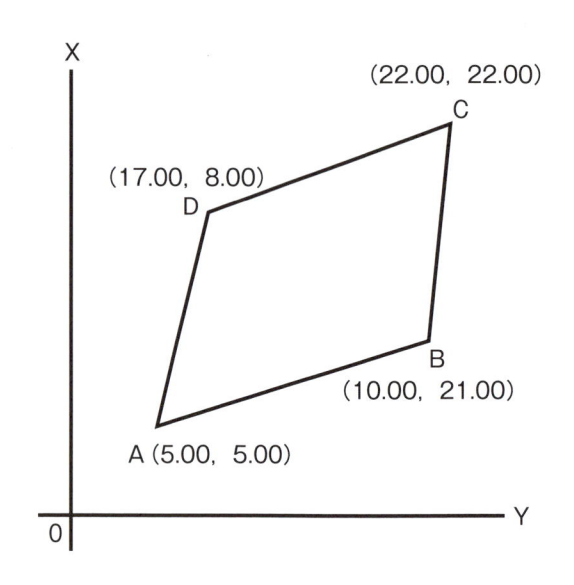

【座標値一覧表（単位：m）】

筆界点	X座標	Y座標
A	5.00	5.00
B	10.00	21.00
C	22.00	22.00
D	17.00	8.00

求積

筆界点	X	Y	$X_{n+1}-X_{n-1}$	$Y_n(X_{n+1}-X_{n-1})$
A	5.00	5.00	-7.00	-35.0000
B	10.00	21.00	17.00	357.0000
C	22.00	22.00	7.00	154.0000
D	17.00	8.00	-17.00	-136.0000
			倍面積	340.0000
			面　積	170.0000
			地　積	170.00㎡

　表計算モードで土地の面積を算出する場合，表形式による計算方式を採用し，各セルに対応する計算式を入力していきます。

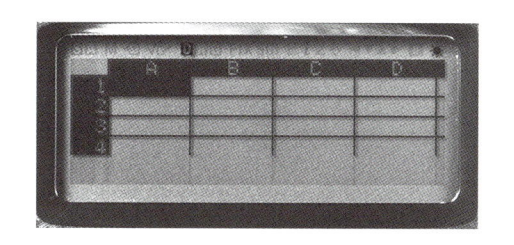

・A列は全て各筆界点のX座標値を入力するセルとなります。
・B列は全て各筆界点のY座標値を入力するセルとなります。
・C列は全て各段の「$(X_{n+1}-X_{n-1})$」の計算式を入力するセルとなります。
・D列1～4は，各段の「$Y_n(X_{n+1}-X_{n-1})$」の計算式を入力するセルとなります。
・D列5は倍面積，D列6は面積の計算式を入力するセルとなります。

操作1 C列：各段の「$(X_{n+1}-X_{n-1})$」の計算式を入力する。
① C1にセルカーソルを合わせ，
　● CALC ● (-) 2 - ● (-) 4 = （「＝A2－A4」）
② C2にセルカーソルを合わせ，
　● CALC ● (-) 3 - ● (-) 1 = （「＝A3－A1」）
③ C3にセルカーソルを合わせ，
　● CALC ● (-) 4 - ● (-) 2 = （「＝A4－A2」）
④ C4にセルカーソルを合わせ，
　● CALC ● (-) 1 - ● (-) 3 = （「＝A1－A3」）

操作2 D列1～4：各段の「$Y_n(X_{n+1}-X_{n-1})$」の計算式を入力する。
① D1にセルカーソルを合わせ，
　● CALC ● ,,, 1 × ● x^{-1} 1 = （「＝B1×C1」）
② D2にセルカーソルを合わせ，
　● CALC ● ,,, 2 × ● x^{-1} 2 = （「＝B2×C2」）
③ D3にセルカーソルを合わせ，
　● CALC ● ,,, 3 × ● x^{-1} 3 = （「＝B3×C3」）

④　D4にセルカーソルを合わせ，
　　　○ CALC ○ ｡,, 4 × ○ x^{-1} 4 = （「＝B4×C4」）
　　　ALPHA　ALPHA　　　　　　ALPHA

操作3　D列5に倍面積，D列6に面積の計算式を入力する。
①　D5にセルカーソルを合わせ，
　　○ CALC ○ sin 1 + ○ sin 2 + ○ sin 3 + ○ sin 4
　= （「＝D1＋D2＋D3＋D4」）
②　D6にセルカーソルを合わせ，
　　○ CALC ○ sin 5 ÷ 2 = （「＝D5÷2」）

操作4　A1～A4セルに各筆界点のX座標値を，B1～B4セルに各筆界点のY座標値を，それぞれ入力する。

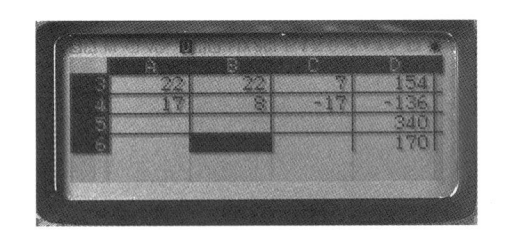

この写真のとおりの画面表示となっていれば成功です。

例題1　次の図における筆界点Ａ，Ｂ，Ｃ，Ｄ，Ｅ及びＡで囲まれた土地の地積を求めなさい。ただし，計算結果は小数点以下第３位を切り捨てること。

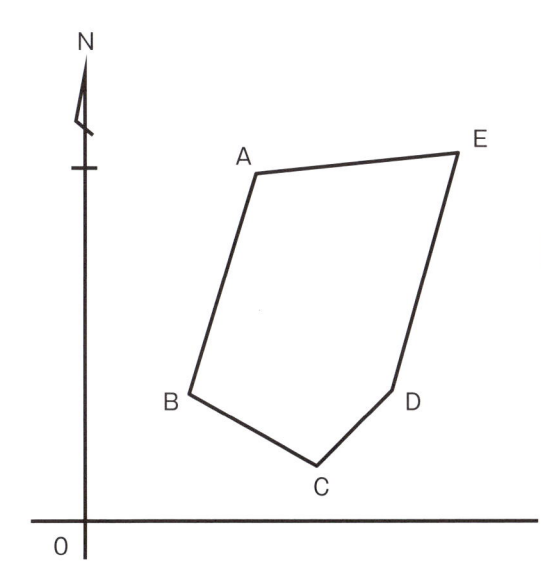

【座標値一覧表（単位：m）】

点名	Ｘ座標	Ｙ座標
A	60.44	51.10
B	29.85	41.96
C	21.34	67.64
D	30.86	75.10
E	62.60	80.28

解答　1113.73㎡

計算例①－表形式の電卓操作

筆界点	X	Y	$X_{n+1} - X_{n-1}$	$Y_n (X_{n+1} - X_{n-1})$
A	60.44	51.10	-32.75	-1673.5250
B	29.85	41.96	-39.10	-1640.6360
C	21.34	67.64	1.01	68.3164
D	30.86	75.10	41.26	3098.6260
E	62.60	80.28	29.58	2374.6824
			倍面積	2227.4638
			面　積	1113.7319
			地　積	1113.73㎡

事前操作：練習のためにも，入力内容を全てクリアしてから，改めて操作しましょう。

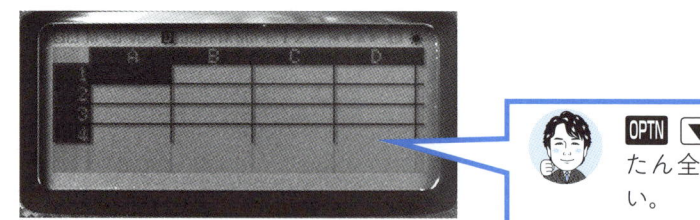

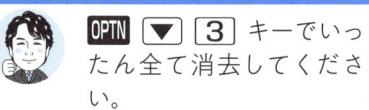

> [OPTN] [▼] [3] キーでいったん全て消去してください。

操作1 C列に各段の「$(X_{n+1} - X_{n-1})$」の計算式を入力する。
① C1にセルカーソルを合わせ，
　[ALPHA] [CALC] [ALPHA] [(-)] [2] [-] [ALPHA] [(-)] [5] [=] (「＝A2－A5」)
② C2にセルカーソルを合わせ，
　[ALPHA] [CALC] [ALPHA] [(-)] [3] [-] [ALPHA] [(-)] [1] [=] (「＝A3－A1」)
③ C3にセルカーソルを合わせ，
　[ALPHA] [CALC] [ALPHA] [(-)] [4] [-] [ALPHA] [(-)] [2] [=] (「＝A4－A2」)
④ C4にセルカーソルを合わせ，
　[ALPHA] [CALC] [ALPHA] [(-)] [5] [-] [ALPHA] [(-)] [3] [=] (「＝A5－A3」)
⑤ C5にセルカーソルを合わせ，
　[ALPHA] [CALC] [ALPHA] [(-)] [1] [-] [ALPHA] [(-)] [4] [=] (「＝A1－A4」)

操作2 D列1～4：各段の「$Y_n(X_{n+1} - X_{n-1})$」の計算式を入力する。

> またあの計算式を全部入力しなきゃいけないのかな……。ちょっとしんどいな……。

> 確かにそうねぇ。何か便利な方法はないのかしら？

わかりました。では，本機が有する「コピー機能」を使って計算式を入力していきましょう。

① D1にセルカーソルを合わせ，
　[ALPHA] [CALC] [ALPHA] [0,'''] [1] [×] [ALPHA] [x^{-1}] [1] [=] （「＝B1×C1」）
② D1のセルの内容をコピーし，D2，D3，D4，D5に貼り付けていく。
　D1セル上で，[OPTN] [▼] [2] と入力します。その画面が次の写真です。

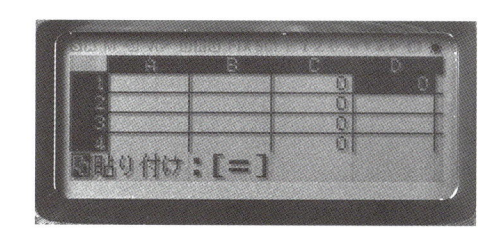

　この状態で，既にD1に入力されている数式がコピーされていますので，画面上は，「貼り付け：[=]」と表示されます。
③ コピーされている数式を，D2，D3，D4，D5に順次貼り付けていく。
・D2セルに移動して [=]
・D3セルに移動して [=]
・D4セルに移動して [=]
・D5セルに移動して [=]
・貼り付けが完了したら [AC] を押して貼り付け準備状態をクリアする。
※コピーした数式は「＝B1×C1」ですが，貼り付けられた各数式は，各段に対応した数式「＝B2〜5×C2〜5」となっています。各セルカーソルを移動して確認してみてください。次の写真は，貼り付け後のD3セルに入力されている数式を確認した画面です。

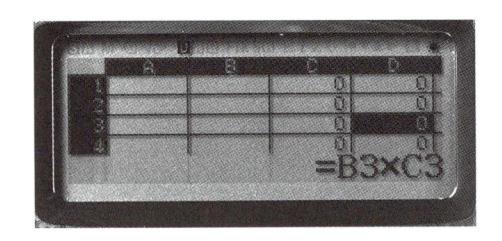

操作3 D列6に倍面積，D列7に面積の計算式を入力する。

① D6にセルカーソルを合わせ，
ALPHA CALC ALPHA sin 1 + ALPHA sin 2 + ALPHA sin 3 + ALPHA sin 4 + ALPHA sin 5 = （「＝D1＋D2＋D3＋D4＋D5」）

② D7にセルカーソルを合わせ，
ALPHA CALC ALPHA sin 6 ÷ 2 = （「D6÷2」）

操作4 A1～A5セルに各筆界点のX座標値を，B1～B5セルに各筆界点のY座標値を，それぞれ入力する。

以上の操作を完了した画面表示は，次の写真のとおりです。

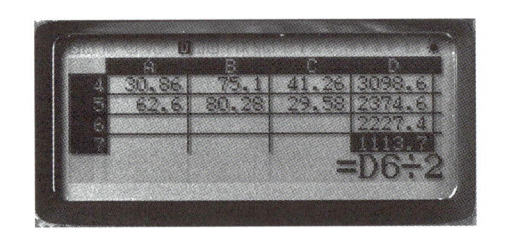

あれ……？ 面積の計算結果が「1113.7」と表示されていて小数点以下第2位以降が確認できないよ……。

そうねぇ……。これは困ったわね……。「1113.7」と表示されているD7セルにセルカーソルを合わせても「＝D6÷2」と数式が表示されるだけで，計算結果が表示されるワケではないのよね……。

そうですね。それでは今「＝D6÷2」と表示されているエディットボックスの表示の設定を「数式」から「値」に変更してみましょう。設定を変更する操作は次のとおりです。

～エディットボックス表示設定操作について～

操作 ● SHIFT ● MENU SETUP （「SETUP」）▼ 4 2 2 と入力します。

> SHIFT MENU SETUP ● ● キーを押した状態のディスプレイです。

↓ ▼ キーを押します。

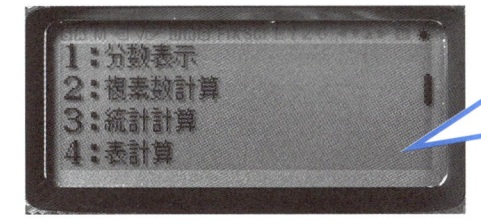

> ▼ キーを押した状態のディスプレイです。4 キーを押して「4：表計算」を選択してください。

↓ 4 キーを押します。

> 4 キーを押した状態のディスプレイです。2 キーを押して「2：エディットボックス表示」を選択してください。

↓ [2] キーを押します。

> [2] キーを押した状態のディスプレイです。[2] キーを押して「2：値」を選択してください。

↓ [2] キーを押します。

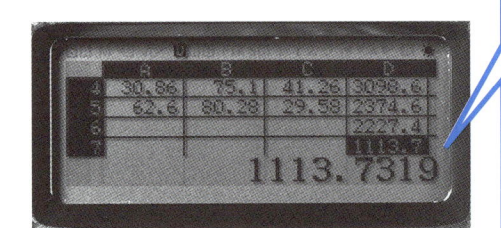

> [2] キーを押し，変更が完了した状態のディスプレイです。
> このようにエディットボックスに「1113.7319」と表示されます。適宜，「数式」表示と「値」表示を使い分けるようにしてください。

3 特殊なモードの活用法

　このSTEPでは，連立方程式モードと表計算モードという特殊なモードにおける操作について紹介してきました。これらのモードはいったん移行してしまうと，通常の計算ができないというデメリットを有しています。そこで，ここでは，これらの特殊なモードを調査士試験において安全に，かつ，有効に活用する方策を検討してみましょう。

(1) 予備電卓の活用

　調査士試験には，予備を含めて2台までの電卓を持ち込むことができます。そこで，1台を通常モード用として，予備の1台を特殊モード用として割り当てるという方策が考えられます。前にも述べたとおり，特殊モードにいったん移行すると，たとえ電源をOFFにしても入力内容は電卓に記憶されたままとなっていますので，2台のうち1台を表計算モード専用にしておくと，毎回新たに計算式を入力する必要がなくなるというメリットがあります。

(2) 2台の割り当て例

2台のうち1台は通常モードと連立方程式モードに，もう1台は表計算モードに割り当てるという方法が考えられます。

1台目：通常＋連立方程式モード　　2台目：表計算モード専用

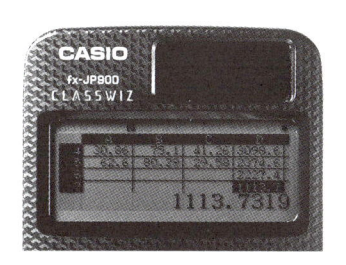

1台目は，通常モードでの計算が主なものとなりますが，必要に応じて連立方程式モードでの計算を行うものとします。連立方程式モードは，土地の面積の計算の場合と異なり煩雑な計算式を自ら入力する必要がないため，通常モードとの併用で十分対応が可能と考えられます。

一方，2台目は，表計算モード専用にしておくことで，毎回新たに計算式を入力する必要がなくなりますので，どこに何を入力すれば，どのような計算結果を得られるかを覚えておくだけで，効率的な計算を行うことができます。

(3) 表計算モード専用機における計算割り当て例

では，表計算モード専用機における計算の割り当てについて検討してみましょう。本書で紹介した表計算モードでの計算は，"2点間の距離の計算"と"土地の面積の計算"でした。ここでは，1例としてこれらの計算を以下のとおり割り当ててみます。

① A1～A2，B1～B2，C2セルを用いて"2点間の距離の計算"に割り当てる。

(例：点Pと点Qの2点間の距離の計算)

	A	B	C
1	点P（X）	点P（Y）	空欄
2	点Q（X）	点Q（Y）	$=\sqrt{(A1-A2)^2+(B1-B2)^2}$
3	空欄	空欄	空欄
4	空欄	空欄	空欄

② A5～A8，B5～B8，C5～C8，D5～D10セルを用いて"土地の面積の計算"に割り当てる。

(例：筆界点P，Q，R，Sで構成された土地の面積の計算)

	A	B	C	D
5	点P（X）	点P（Y）	＝A6－A8	＝B5×C5
6	点Q（X）	点Q（Y）	＝A7－A5	＝B6×C6
7	点R（X）	点R（Y）	＝A8－A6	＝B7×C7
8	点S（X）	点S（Y）	＝A5－A7	＝B8×C8
9	空欄	空欄	空欄	＝D5＋D6＋D7＋D8
10	空欄	空欄	空欄	＝D9÷2

これら2つの計算式を入力した表をまとめると次のとおりとなります。

	A	B	C	D
1	点P(X)	点P(Y)	空欄	空欄
2	点Q(X)	点Q(Y)	$=\sqrt{((A1-A2)^2+(B1-B2)^2)}$	空欄
3	空欄	空欄	空欄	空欄
4	空欄	空欄	空欄	空欄
5	点P(X)	点P(Y)	=A6−A8	=B5×C5
6	点Q(X)	点Q(Y)	=A7−A5	=B6×C6
7	点R(X)	点R(Y)	=A8−A6	=B7×C7
8	点S(X)	点S(Y)	=A5−A7	=B8×C8
9	空欄	空欄	空欄	=D5+D6+D7+D8
10	空欄	空欄	空欄	=D9÷2

　3段と4段を空欄としているのは，距離の計算ゾーンと面積の計算ゾーンを区別するためであり，空欄としなくても構いません。

　セルの割り当ては任意であり，利用しやすい割り当て，記憶しておきやすい割り当てを各自で設定してください。

　また，面積計算については，調査士試験において代表的な筆界点数である4点をモデルとしていますが，3点を構成点とするもの，5点を構成点とするもの，あるいはそれ以上の筆界点で構成される土地の面積を計算するためのゾーンを作成することもできます。

（4）まとめ

　特殊モード，特に表計算モードには，ここで紹介したもの以外にも多様な活用方法が考えられます。したがって，時間的に余裕のある方は今後研究を重ね，ご自身にとって最も効率的な活用方法を編み出されるのもよいでしょう。

　一方で，特殊モードの修得は調査士試験合格のための必須事項とはいえないため，あまり固執しすぎるのもおすすめできません。前にも述べましたが，調査士試験の受験案内書に記載されている「試験の内容」には"関数電卓の操作方法の修得"という項目はないため，それ（関数電卓の操作方法の修得）は結局，試験問題に解答するためのツールのひとつにすぎないということになります。ですから，**"関数電卓の操作方法の修得"を皆様の受験勉強の中心を占めることのないように注意**していただきたいのです。本書で紹介したSTEP 1の内容をしっかりと把握しておけば調査士試験対策として十分ともいえ，STEP 3の特殊操作はもちろん，STEP 2の応用操作ですら，修得不要と捉える受験生がいても不思議なことではありません。

　どれだけの操作方法を身につけるかについては受験生各人の考え方により異なりますが，共通していえることは**"どのような操作であっても訓練をしなければ身につかない"**ということです。一度本書に目を通していただいたからといって，全ての操作を間違いなくスピーディーに行えるようにはなりません。ですから，ご自身で修得しようと決めた操作方法については，多くの訓練を積み，最終的には操作方法を意識的に考えることがなくても間違いのない操作をできるレベルまで高めるようにしてください。

　"多くの操作方法を身につける"ということに意識が向きがちな関数電卓操作方法の修得ですが，**"最少の操作方法を，多くの訓練により完璧に身につける"**ということにも意識を向けておくようにしてください。

そうか……，とにかく練習が大事なんだね……。

よしゆきさん，練習しすぎて関数電卓マニアにならないでね！

そうだね……。一生懸命練習していると，ついいろいろな操作方法を覚えてしまいたくなってしまうかもね……。気を付けるよ…。

そうよ！　目的は関数電卓の操作を極めることではなくて，土地家屋調査士試験に合格することなのよ！

あれ…？　いつの間にか，僕まで土地家屋調査士試験を受けることになっているような気がするなぁ……？

STEP 3 復習ドリル

※ 本書における数値については，各計算工程の相違等により，微小な誤差が生じることがあります。全ての計算工程による数値を検証・掲載しておりませんので，あらかじめご了承くださるよう，お願い申し上げます。

ドリル1 次の2直線の交点Pの座標値を求めなさい。なお，計算は「連立方程式モード」で行い，計算結果は小数点以下第3位を四捨五入すること。

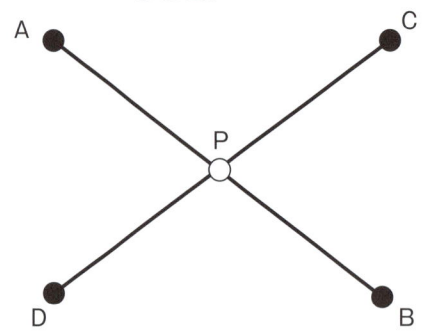

	X座標（m）	Y座標（m）
A	135.00	100.00
B	100.00	150.00
C	135.00	150.00
D	100.00	100.00

ＡＢ式：y＝-1.428571429x＋292.8571429
ＣＤ式：y＝1.428571429x－42.85714292

ドリル2 次の2直線の交点Qの座標値を求めなさい。なお，計算は「連立方程式モード」で行い，計算結果は小数点以下第3位を四捨五入すること。

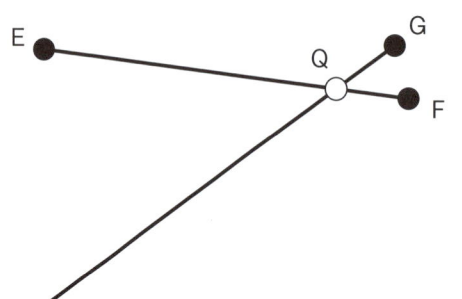

	X座標（m）	Y座標（m）
E	32.65	1.89
F	30.00	20.35
G	34.44	20.22
H	18.26	1.11

ＥＦ式：y＝-6.966037736x＋229.3311321
ＧＨ式：y＝1.181087763x－20.45666255

ドリル3　次の2直線の交点Rの座標値を求めなさい。なお，計算は「連立方程式モード」で行い，計算結果は小数点以下第3位を四捨五入すること。

	X座標（m）	Y座標（m）
I	689.87	405.23
J	500.00	430.25
K	690.00	500.00
L	580.80	400.00

IJ式：y＝-0.1317743719x＋496.137186
KL式：y＝0.9157509158x－131.8681319

ドリル4　次の図における1番の土地（点A，B，P，Q及びAで囲まれた部分）と2番の土地（点P，C，D，E，Q及びPで囲まれた部分）の各筆界点間の距離を表計算モードで計算しなさい。ただし，計算結果は小数点以下第3位を四捨五入すること。

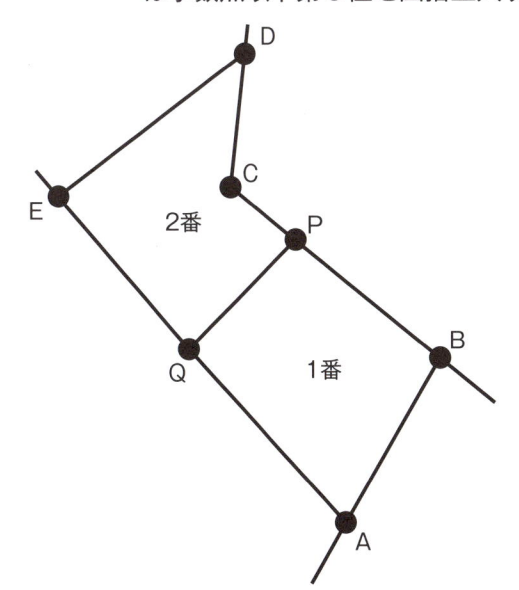

	X座標（m）	Y座標（m）
A	53.31	60.48
B	61.97	65.48
C	73.97	53.48
D	78.99	53.46
E	72.16	41.63
P	69.77	57.68
Q	62.94	50.85

> **ドリル5**　次の図における3番の土地（点F，G，L，K及びFで囲まれた部分）と4番の土地（点K，L，H，I，J及びKで囲まれた部分）の各筆界点間の距離を表計算モードで計算しなさい。ただし，計算結果は小数点以下第3位を四捨五入すること。

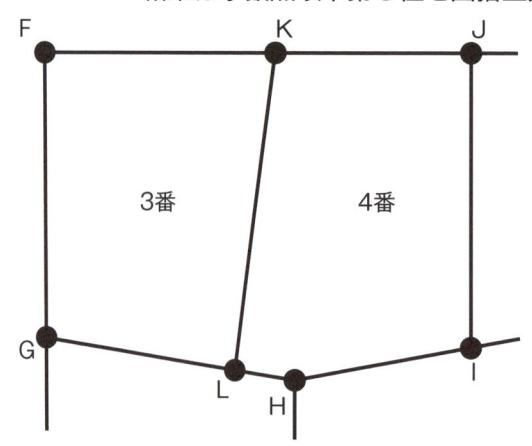

	X座標（m）	Y座標（m）
F	151.43	162.08
G	139.19	162.08
H	137.52	174.55
I	139.19	181.35
J	151.84	181.30
K	151.63	171.42
L	138.08	170.37

> **ドリル6**　次の図における5番の土地（点M，N，O，P及びMで囲まれた部分）と6番の土地（点P，O，Q，R，S及びPで囲まれた部分）の各筆界点間の距離を表計算モードで計算しなさい。ただし，計算結果は小数点以下第3位を四捨五入すること。

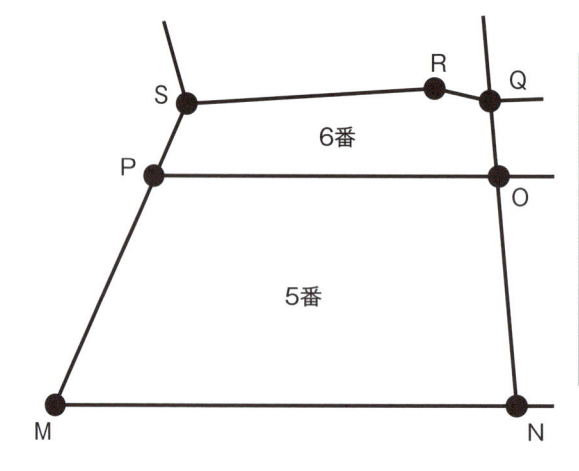

	X座標（m）	Y座標（m）
M	223.42	172.02
N	223.22	199.64
O	236.44	198.85
P	236.35	178.39
Q	239.65	198.66
R	240.38	194.83
S	239.31	179.85

ドリル7 次の図における1番の土地（点A, B, P, Q及びAで囲まれた部分）と2番の土地（点P, C, D, E, Q及びPで囲まれた部分）の面積を表計算モードで計算しなさい。ただし，計算結果は小数点以下第3位を切り捨てること。

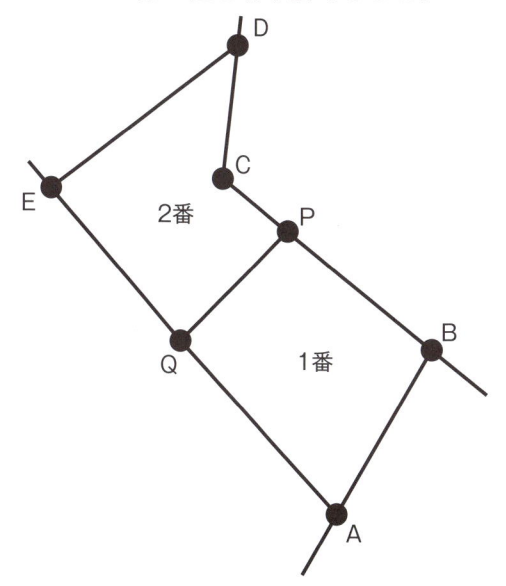

	X座標（m）	Y座標（m）
A	53.31	60.48
B	61.97	65.48
C	73.97	53.48
D	78.99	53.46
E	72.16	41.63
P	69.77	57.68
Q	62.94	50.85

ドリル8 次の図における3番の土地（点F, G, L, K及びFで囲まれた部分）と4番の土地（点K, L, H, I, J及びKで囲まれた部分）の面積を表計算モードで計算しなさい。ただし，計算結果は小数点以下第3位を切り捨てること。

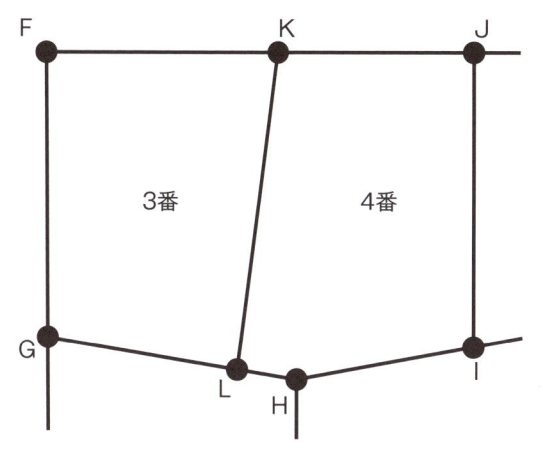

	X座標（m）	Y座標（m）
F	151.43	162.08
G	139.19	162.08
H	137.52	174.55
I	139.19	181.35
J	151.84	181.30
K	151.63	171.42
L	138.08	170.37

ドリル9 次の図における5番の土地（点M，N，O，P及びMで囲まれた部分）と6番の土地（点P，O，Q，R，S及びPで囲まれた部分）の面積を表計算モードで計算しなさい。ただし，計算結果は小数点以下第3位を切り捨てること。

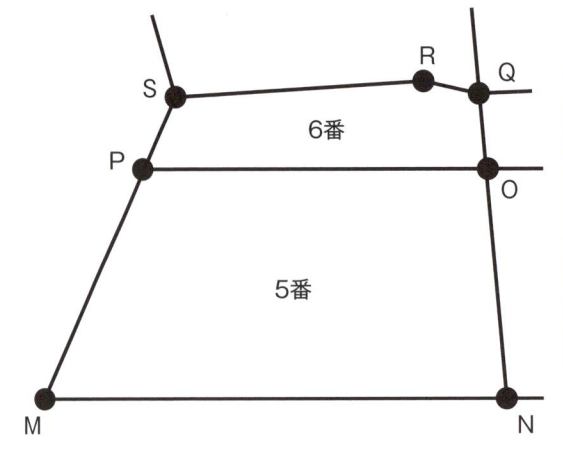

	X座標（m）	Y座標（m）
M	223.42	172.02
N	223.22	199.64
O	236.44	198.85
P	236.35	178.39
Q	239.65	198.66
R	240.38	194.83
S	239.31	179.85

STEP 3 復習ドリル 解答

ドリル1 **解答** $P_X=117.50m$, $P_Y=125.00m$

手順1： ● [MENU SETUP] [(-)] [1] [2]（連立方程式モード）
手順2：それぞれの直線式を電卓の連立方程式モード用に変形する。
　　　　ＡＢ式：-1.428571429x − y = -292.8571429
　　　　ＣＤ式：1.428571429x − y = 42.85714292
手順3：ＡＢ式を入力
　　　　[(-)] 1.428571429 [=], [(-)] 1 [=], [(-)] 292.8571429 [=]
手順4：ＣＤ式を入力
　　　　1.428571429 [=], [(-)] 1 [=], 42.85714292 [=]
手順5：P_X及びP_Yの座標値を確認する。
　　　　[=]（答え：x = 117.50）
　　　　[=]（答え：y = 125.00）

ドリル2 **解答** $Q_X=30.66m$, $Q_Y=15.76m$

手順1： ● [MENU SETUP] [(-)] [1] [2]（連立方程式モード）
手順2：それぞれの直線式を電卓の連立方程式モード用に変形する。
　　　　ＥＦ式：-6.966037736x − y = -229.3311321
　　　　ＧＨ式：1.181087763x − y = 20.45666255
手順3：ＥＦ式を入力
　　　　[(-)] 6.966037736 [=], [(-)] 1 [=], [(-)] 229.3311321 [=]
手順4：ＧＨ式を入力
　　　　1.181087763 [=], [(-)] 1 [=], 20.45666255 [=]
手順5：Q_X及びQ_Yの座標値を確認する。
　　　　[=]（答え：x = 30.65962279）
　　　　[=]（答え：y = 15.75504275）

ドリル3 解答 $R_X=599.51m$, $R_Y=417.14m$

手順1: ● MENU SETUP [(-)] [1] [2] （連立方程式モード）

手順2: それぞれの直線式を電卓の連立方程式モード用に変形する。
　　　ＩＪ式：-0.1317743719x－y＝-496.137186
　　　ＫＬ式：0.9157509158x－y＝131.8681319

手順3: ＩＪ式を入力
　　　[(-)] 0.1317743719 [=], [(-)] 1 [=], [(-)]
　　　496.137186 [=]

手順4: ＫＬ式を入力
　　　0.9157509158 [=], [(-)] 1 [=],
　　　131.8681319 [=]

手順5: R_X及びR_Yの座標値を確認する。
　　　[=]（答え：x＝599.5132769）
　　　[=]（答え：y＝417.1367005）

ドリル4 解答

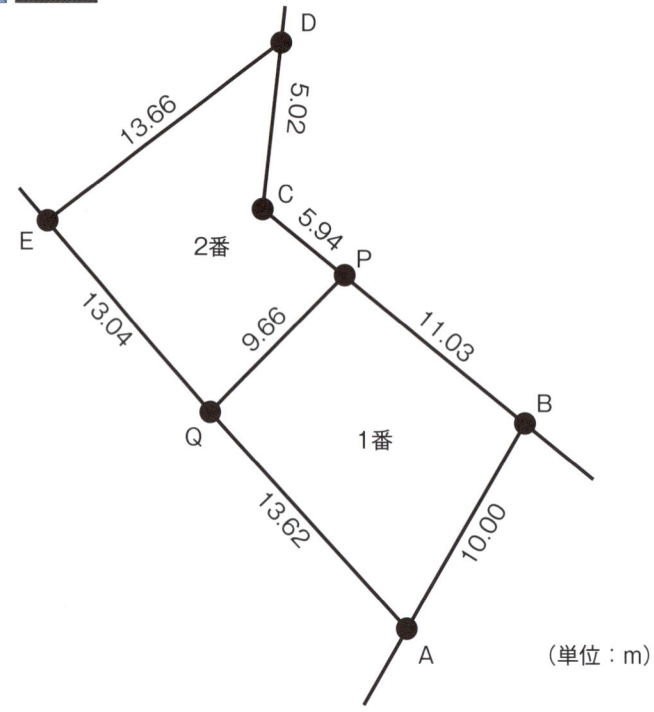

ドリル４～６共通の事前準備： ● [8]（表計算モードへ）

操作 ２点間の距離を算出するための計算式をＣ２セルに入力する。

① セルカーソルをＣ２に移動する。
↓
② ● CALC（「＝」）√☐ (● (-)（「Ａ」）[1] [-] ● (-)（「Ａ」）[2]) x^2 [+] (● ,（「Ｂ」）[1] [-] ● ,（「Ｂ」）[2]) x^2) [=]

※Ａ１セルに計算しようとする１点目の筆界点のＸ座標値，Ｂ１セルにＹ座標値，Ａ２セルに計算しようとする２点目の筆界点のＸ座標値，Ｂ２セルにＹ座標値を割り当てていることになります。
↓
③ Ａ１セルに計算しようとする１点目の筆界点のＸ座標値，Ｂ１セルにＹ座標値，Ａ２セルに計算しようとする２点目の筆界点のＸ座標値，Ｂ２セルにＹ座標値をそれぞれ入力し，答えを得る。

※座標値の入力は，数値 [=] と押します。

ＡＢ＝9.999779998
ＢＰ＝11.03086579
ＰＱ＝9.659078631
ＱＡ＝13.61887661
ＰＣ＝5.939696962
ＣＤ＝5.02003984
ＤＥ＝13.66008053
ＥＱ＝13.03904905

ドリル5　解答

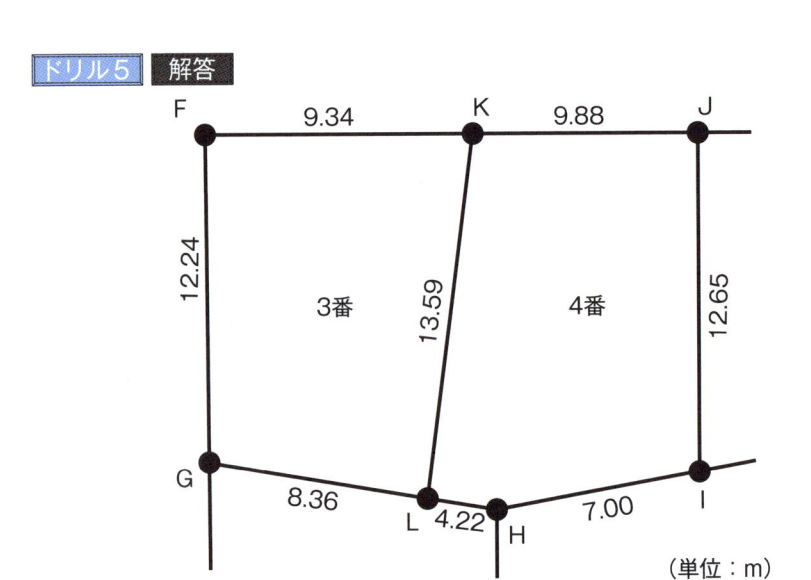

FG＝12.24
GL＝8.363982305
LK＝13.59062177
KF＝9.342141082
LH＝4.217345136
HI＝7.002063981
IJ＝12.65009881
JK＝9.882231529

ドリル6 **解答**

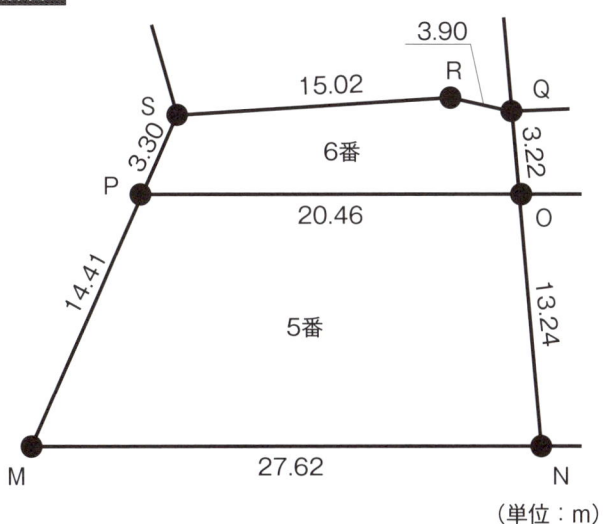

（単位：m）

MN＝27.6207241
NO＝13.24358335
OP＝20.46019795
PM＝14.41394464
OQ＝3.215618137
QR＝3.898948576
RS＝15.01816567
SP＝3.300484813

ドリル7～9共通の事前準備：

操作1 ● $\overset{\text{MENU SETUP}}{}$ [8]（表計算モードへ）

操作2 筆界点4点用の計算表を作成する。
・A列は全て各筆界点のX座標値を入力するセルとします。
・B列は全て各筆界点のY座標値を入力するセルとします。
・C列は全て各段の「$(X_{n+1}-X_{n-1})$」の計算式を入力するセルとします。
・D列1～4は，各段の「$Y_n(X_{n+1}-X_{n-1})$」の計算式を入力するセルとします。
・D列5は倍面積，D列6は面積の計算式を入力するセルとします。

操作2-1 C列に各段の「$(X_{n+1}-X_{n-1})$」の計算式を入力する。

① C1セルにカーソルを合わせ，
● $\overset{\text{ALPHA}}{\text{CALC}}$（「=」）● $\overset{\text{ALPHA}}{(-)}$（「A」）[2] [-] ● $\overset{\text{ALPHA}}{(-)}$（「A」）[4] [=]

② C2セルにカーソルを合わせ，
● $\overset{\text{ALPHA}}{\text{CALC}}$（「=」）● $\overset{\text{ALPHA}}{(-)}$（「A」）[3] [-] ● $\overset{\text{ALPHA}}{(-)}$（「A」）[1] [=]

③ C3セルにカーソルを合わせ，
● $\overset{\text{ALPHA}}{\text{CALC}}$（「=」）● $\overset{\text{ALPHA}}{(-)}$（「A」）[4] [-] ● $\overset{\text{ALPHA}}{(-)}$（「A」）[2] [=]

④ C4セルにカーソルを合わせ，
● $\overset{\text{ALPHA}}{\text{CALC}}$（「=」）● $\overset{\text{ALPHA}}{(-)}$（「A」）[1] [-] ● $\overset{\text{ALPHA}}{(-)}$（「A」）[3] [=]

操作2-2 D列1～4に各段の「$Y_n(X_{n+1}-X_{n-1})$」の計算式を入力する。

① D1セルにカーソルを合わせ，
● $\overset{\text{ALPHA}}{\text{CALC}}$（「=」）● $\overset{\text{ALPHA}}{\text{。'"}}$（「B」）[1] [×] ● $\overset{\text{ALPHA}}{x^{-1}}$（「C」）[1] [=]

② D2セルにカーソルを合わせ，
● $\overset{\text{ALPHA}}{\text{CALC}}$（「=」）● $\overset{\text{ALPHA}}{\text{。'"}}$（「B」）[2] [×] ● $\overset{\text{ALPHA}}{x^{-1}}$（「C」）[2] [=]

③ D3セルにカーソルを合わせ，
● $\overset{\text{ALPHA}}{\text{CALC}}$（「=」）● $\overset{\text{ALPHA}}{\text{。'"}}$（「B」）[3] [×] ● $\overset{\text{ALPHA}}{x^{-1}}$（「C」）[3] [=]

④ D4セルにカーソルを合わせ，
● $\overset{\text{ALPHA}}{\text{CALC}}$（「=」）● $\overset{\text{ALPHA}}{\text{。'"}}$（「B」）[4] [×] ● $\overset{\text{ALPHA}}{x^{-1}}$（「C」）[4] [=]

操作2-3 D列5に倍面積，D列6に面積の計算式を入力する。

① D5セルにカーソルを合わせ，
● $\overset{\text{ALPHA}}{\text{CALC}}$（「=」）● $\overset{\text{ALPHA}}{\text{sin}}$（「D」）[1] [+] ● $\overset{\text{ALPHA}}{\text{sin}}$（「D」）[2] [+] ● $\overset{\text{ALPHA}}{\text{sin}}$（「D」）[3] [+] ● $\overset{\text{ALPHA}}{\text{sin}}$（「D」）[4] [=]

② D6セルにカーソルを合わせ，
● $\overset{\text{ALPHA}}{\text{CALC}}$（「=」）● $\overset{\text{ALPHA}}{\text{sin}}$（「D」）[5] [÷] [2] [=]

操作 2-4 Ａ１〜Ａ４セルに各筆界点のＸ座標値を，Ｂ１〜Ｂ４セルに各筆界点のＹ座標値を，それぞれ入力する。

操作 3 筆界点５点用の計算表を作成する。
- Ａ列は全て各筆界点のＸ座標値を入力するセルとします。
- Ｂ列は全て各筆界点のＹ座標値を入力するセルとします。
- Ｃ列は全て各段の「$(X_{n+1} - X_{n-1})$」の計算式を入力するセルとします。
- Ｄ列７〜11は，各段の「$Y_n(X_{n+1} - X_{n-1})$」の計算式を入力するセルとします。
- Ｄ列12は倍面積，Ｄ列13は面積の計算式を入力するセルとします。

操作 3-1 Ｃ列に各段の「$(X_{n+1} - X_{n-1})$」の計算式を入力する。

① Ｃ７セルにカーソルを合わせ，
● ALPHA **CALC**（「＝」）● ALPHA **(−)**（「Ａ」）⑧ − ● ALPHA **(−)**（「Ａ」）⑪ ＝

② Ｃ８セルにカーソルを合わせ，
● ALPHA **CALC**（「＝」）● ALPHA **(−)**（「Ａ」）⑨ − ● ALPHA **(−)**（「Ａ」）⑦ ＝

③ Ｃ９セルにカーソルを合わせ，
● ALPHA **CALC**（「＝」）● ALPHA **(−)**（「Ａ」）⑩ − ● ALPHA **(−)**（「Ａ」）⑧ ＝

④ Ｃ10セルにカーソルを合わせ，
● ALPHA **CALC**（「＝」）● ALPHA **(−)**（「Ａ」）⑪ − ● ALPHA **(−)**（「Ａ」）⑨ ＝

⑤ Ｃ11セルにカーソルを合わせ，
● ALPHA **CALC**（「＝」）● ALPHA **(−)**（「Ａ」）⑦ − ● ALPHA **(−)**（「Ａ」））⑩ ＝

操作 3-2 Ｄ列７〜11に各段の「$Y_n(X_{n+1} - X_{n-1})$」の計算式を入力する。

① Ｄ１のセルの内容をコピーし，Ｄ７，Ｄ８，Ｄ９，Ｄ10，Ｄ11に貼り付けていく。

Ｄ１セル上で，**OPTN** ▼ ② と入力します。

この状態で，既にＤ１セルに入力されている数式がコピーされていますので，画面上は，「貼り付け：[＝]」と表示されます。

② コピーされている数式を，Ｄ７，Ｄ８，Ｄ９，Ｄ10，Ｄ11に順次貼り付けていく。

- Ｄ７セルにカーソルに移動して ＝
- Ｄ８セルにカーソルに移動して ＝
- Ｄ９セルにカーソルに移動して ＝
- Ｄ10セルにカーソルに移動して ＝
- Ｄ11セルにカーソルに移動して ＝

・貼り付けが完了したら AC を押して貼り付け準備状態をクリアする。

※コピーした数式は「＝B1×C1」ですが，貼り付けられた各数式は，各段に対応した数式「＝B7～B11×C7～C11」となっています。カーソルを移動して確認してみてください。

操作 3-3 D列12に倍面積，D列13に面積の計算式を入力する。

① D12セルにカーソルを合わせ，
● CALC（「＝」）● sin（「D」）7 ＋ ● sin（「D」）8 ＋ ● sin（「D」）9 ＋ ● sin（「D」）10 ＋ ● sin（「D」）11 ＝

② D13セルにカーソルを合わせ，
● CALC（「＝」）● sin（「D」）12 ÷ 2 ＝

操作 3-4 A7～A11セルに各筆界点のX座標値を，B7～B11セルに各筆界点のY座標値を，それぞれ入力し答えを得る。

ドリル7 **解答**

1番：119.04㎡

	X座標（m）	Y座標（m）	$X_{n+1} - X_{n-1}$	$Y_n (X_{n+1} - X_{n-1})$
A	53.31	60.48	-0.97	-58.6656
B	61.97	65.48	16.46	1077.8008
P	69.77	57.68	0.97	55.9496
Q	62.94	50.85	-16.46	-836.9910
			倍面積	238.0938
			面　積	119.0469

2番：121.42㎡

	X座標（m）	Y座標（m）	$X_{n+1} - X_{n-1}$	$Y_n (X_{n+1} - X_{n-1})$
P	69.77	57.68	11.03	636.2104
C	73.97	53.48	9.22	493.0856
D	78.99	53.46	-1.81	-96.7626
E	72.16	41.63	-16.05	-668.1615
Q	62.94	50.85	-2.39	-121.5315
			倍面積	242.8404
			面　積	121.4202

ドリル8 解答

3番：113.90㎡

	X座標（m）	Y座標（m）	$X_{n+1} - X_{n-1}$	$Y_n (X_{n+1} - X_{n-1})$
F	151.43	162.08	-12.44	-2016.2752
G	139.19	162.08	-13.35	-2163.7680
L	138.08	170.37	12.44	2119.4028
K	151.63	171.42	13.35	2288.4570
			倍面積	227.8166
			面　積	113.9083

4番：141.69㎡

	X座標（m）	Y座標（m）	$X_{n+1} - X_{n-1}$	$Y_n (X_{n+1} - X_{n-1})$
K	151.63	171.42	-13.76	-2358.7392
L	138.08	170.37	-14.11	-2403.9207
H	137.52	174.55	1.11	193.7505
I	139.19	181.35	14.32	2596.9320
J	151.84	181.30	12.44	2255.3720
			倍面積	283.3946
			面　積	141.6973

ドリル9 解答

5番：314.47㎡

	X座標（m）	Y座標（m）	$X_{n+1} - X_{n-1}$	$Y_n (X_{n+1} - X_{n-1})$
M	223.42	172.02	-13.13	-2258.6226
N	223.22	199.64	13.02	2599.3128
O	236.44	198.85	13.13	2610.9005
P	236.35	178.39	-13.02	-2322.6378
			倍面積	628.9529
			面　積	314.47645

6番：67.95㎡

	X座標（m）	Y座標（m）	$X_{n+1}-X_{n-1}$	$Y_n(X_{n+1}-X_{n-1})$
P	236.35	178.39	-2.87	-511.9793
O	236.44	198.85	3.30	656.2050
Q	239.65	198.66	3.94	782.7204
R	240.38	194.83	-0.34	-66.2422
S	239.31	179.85	-4.03	-724.7955
			倍面積	135.9084
			面　積	67.9542

巻末資料

巻末資料1　過去問にチャレンジ

巻末資料2　主要操作一覧

巻末資料 1 過去問にチャレンジ

それでは，実際に過去の本試験問題を解いてみましょう。

え……。そんなの絶対無理ですよ……。

だいじょうぶですよ。過去の本試験問題といっても電卓操作にかかわる部分だけですから。

でも，過去の本試験問題っていろいろ難しい記述や条件がたくさんあって，それを読み解かなくちゃいけないのよね？

いえ，電卓操作に関係のない記述は全て削除した問題に改訂しておきましたから，本書の内容を把握している方であれば，どなたでもチャレンジできます。

でも……，未知点の算出方法を全て学習したわけではないし，ヤッパリ無理ですよ……。

座標算出の方法が分からなくても構いません。解説を参照しながら，実際にどのような電卓操作を用いて座標を算出しているのか，ということを確認してみてください。
なお，解説に掲載している電卓操作は基本的な操作方法に限定していますので，まずは，基本的な操作で解答してみるとよいでしょう。

慣れてきたら，自分で特殊操作を試してみればいいのね！

そういうことか……。じゃあ，とりあえず基本操作だけでもやってみます……。

平成23年度 第21問 カスタム問題

問1 土地家屋調査士中村容子の調査・測量成果からC点及びH点の座標値を算出しなさい。

問2 後添付〔調査素図〕中，C点，D点，H点，J点，K点，I点及びC点で囲まれた部分の面積を算出しなさい。

問3 後添付〔調査素図〕中，C点，D点，H点，J点，K点，I点及びC点で囲まれた部分を構成する各筆界点間の距離を算出しなさい。

（注）1　座標値は，計算結果の小数点以下第3位を四捨五入し，小数点以下第2位までとすること。
　　　2　測量成果から求めた筆界点間の辺長について，計算結果の小数点以下第3位以下を四捨五入した上，小数点以下第2位までを記載すること。
　　　3　後添付〔調査素図〕中，C点，D点，H点，J点，K点，I点及びC点で囲まれた部分の面積は，計算結果の小数点以下を切り捨てること。

【資料／土地家屋調査士中村容子の測量成果】

1　測量の結果

　A市基準点であるT1からT3までを器械点として観測を行った結果，得られたデータは，以下のとおりである。

〔A市基準点成果表〕

名称	X座標（m）	Y座標（m）
T1	309.14	292.20
T2	300.12	306.99
T3	299.47	333.78

[観測データ]

器械点	後視点	測点	水平角	平面距離（m）
T1	T2	A	150° 21′ 44″	15.120
T1	T2	M	324° 2′ 29″	6.613
T2	T3	K	319° 7′ 54″	5.067

[測量によって得られた座標]

名称	X座標（m）	Y座標（m）
D	320.31	309.24
E	326.52	315.34
F	323.58	334.66
G	302.56	332.88
I	312.05	313.06
J	303.18	315.34
L	303.65	302.14
B	省略	省略

　D点からH点への方向角は，120°0′0″である。A点とB点を結ぶ直線とE点とM点を結ぶ直線は，平行である。また，C点及びD点は，E点とM点を結ぶ直線上の点であり，J点及びK点は，G点とL点を結ぶ直線上の点である。
　E点とJ点を結ぶ直線とD点とH点を結ぶ直線の交点からE点及びH点までの距離は，それぞれ9.732m，6.836mである。また，M点からC点までの距離は，10.192mである。A市基準点成果を用いて行う測量においては，距離に関する補正計算は行わないものとする。

2　測量及び調査の結果は，次の〔調査素図〕のとおりである。

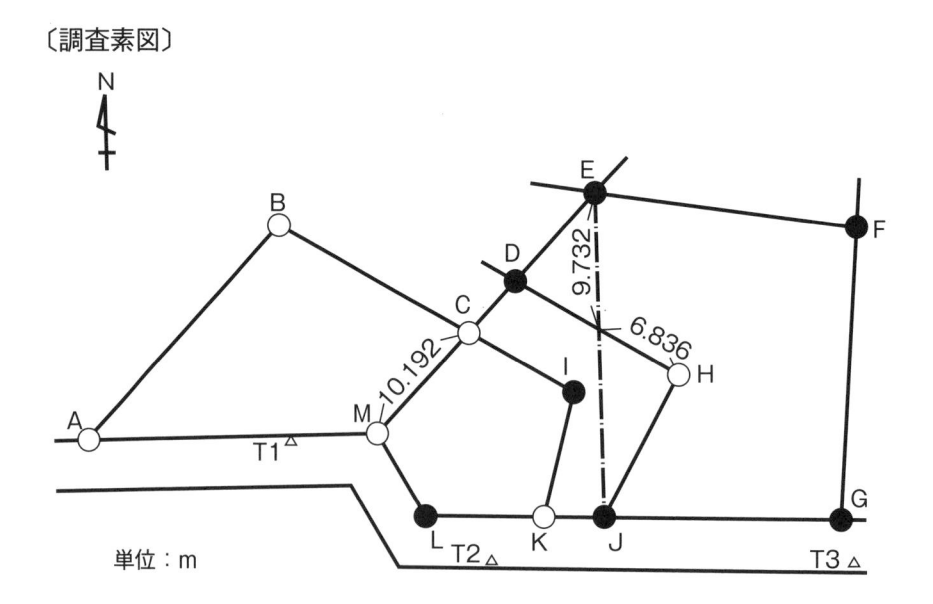

〔調査素図〕

N

（図中の記載）
B、E、F
D
C　10.192　9.732　6.836
A　M　I　H
T1
L　K　J　G
T2　　　T3
単位：m

　調査素図中，A点からM点までの各点は，境界標の位置を示す。T1からT3までは，A市基準点を示す。

214

| 平成23年度 第21問 | **カスタム解説** |

問1　C点及びH点の座標値の算出

解答

筆界点	X座標値（m）	Y座標値（m）
C点	316.94	305.93
H点	313.37	321.26

　C点の座標値はA点及びM点の座標値を求めたうえで，M点からの距離と方向角により求める。

　H点の座標値は，直線DHと直線EJの交点からの距離と方向角により求める。

（1）A点の座標値の算出

　A点の座標値はT1からの距離と方向角により求める。

① T1からA点への方向角の算出

イ　T1からT2への方向角の算出

$$\text{T1からT2への方向角} = \tan^{-1}\left(\frac{T2_Y - T1_Y}{T2_X - T1_X}\right)$$
$$= \tan^{-1}\left(\frac{306.99 - 292.20}{300.12 - 309.14}\right)$$
$$= -58°\ 37'\ 19.83''$$

操作　● SHIFT tan （ 306.99 − 292.20 ） ÷ （ 300.12 − 309.14 ） ） = °'"

　△x：−，△y：＋であるから第2象限の角度にするため，180°を加算する。

　-58°37′19.83″＋180°＝121°22′40.17″

操作　(−) 58 °'" 37 °'" 19.83 °'" ＋ 180 °'" ＝

ロ　T1からA点への方向角の算出
　　T1からA点への方向角＝T1からT2への方向角＋観測角
　　　　　　　　　　＝121°22′40.17″＋150°21′44″
　　　　　　　　　　＝271°44′24.17″

操作 121 [°′″] 22 [°′″] 40.17 [°′″] [＋] 150 [°′″] 21 [°′″] 44 [°′″] [＝]

② **A点の座標値の算出**
　　$A_X = T1_X + 15.120 \times \cos 271°44′24.17″$
　　　　$= 309.14 + 15.120 \times \cos 271°44′24.17″$
　　　　$= 309.5991171 ≒ 309.60$

操作 309.14 [＋] 15.120 [×] [cos] 271 [°′″] 44 [°′″] 24.17 [°′″] [＝]

　　$A_Y = T1_Y + 15.120 \times \sin 271°44′24.17″$
　　　　$= 292.20 + 15.120 \times \sin 271°44′24.17″$
　　　　$= 277.0869721 ≒ 277.09$

操作 292.20 [＋] 15.120 [×] [sin] 271 [°′″] 44 [°′″] 24.17 [°′″] [＝]

　　よって，$A_X = 309.60$，$A_Y = 277.09$　である。

(2) M点の座標値の算出
　　M点の座標値はT1からの距離と方向角により求める。

① **T1からM点への方向角の算出**
　　T1からM点への方向角＝T1からT2への方向角＋観測角
　　　　　　　　　　＝121°22′40.17″＋324°2′29″
　　　　　　　　　　＝445°25′9.17″（＝85°25′9.17″）

操作 121 [°′″] 22 [°′″] 40.17 [°′″] [＋] 324 [°′″] 2 [°′″] 29 [°′″] [＝] （ [－] 360 [°′″] [＝]　解：85°25′9.17″）

② M点の座標値の算出
$M_X = T1_X + 6.613 \times \cos 85° 25' 9.17''$
　　$= 309.14 + 6.613 \times \cos 85° 25' 9.17''$
　　$= 309.668145 ≒ 309.67$

操作 309.14 [+] 6.613 [×] [cos] 85 [° ' ''] 25 [° ' ''] 9.17 [° ' ''] [=]

$M_Y = T1_Y + 6.613 \times \sin 85° 25' 9.17''$
　　$= 292.20 + 6.613 \times \sin 85° 25' 9.17''$
　　$= 298.7918762 ≒ 298.79$

操作 292.20 [+] 6.613 [×] [sin] 85 [° ' ''] 25 [° ' ''] 9.17 [° ' ''] [=]

よって，$M_X = 309.67$，$M_Y = 298.79$ である。

（3）C点の座標値の算出

C点の座標値は，M点からの距離と方向角により求める。

① **M点からC点への方向角の算出**

C点は，M点とE点を結ぶ直線上の点であるため，M点からE点の方向角がM点からC点への方向角となる。

$$\text{M点からE点の方向角} = \tan^{-1}\left(\frac{E_Y - M_Y}{E_X - M_X}\right) = \tan^{-1}\left(\frac{315.34 - 298.79}{326.52 - 309.67}\right)$$
$$= 44° 29' 7.37''$$

操作 [SHIFT] [tan] [(] 315.34 [−] 298.79 [)] [÷] [(] 326.52 [−] 309.67 [)] [=] [° ' '']

② **C点の座標値の算出**

$C_X = M_X + 10.192 \times \cos 44° 29' 7.37''$
　　$= 309.67 + 10.192 \times \cos 44° 29' 7.37''$
　　$= 316.9412711 ≒ 316.94$

操作 309.67 [+] 10.192 [×] [cos] 44 [° ' ''] 29 [° ' ''] 7.37 [° ' ''] [=]

$C_Y = M_Y + 10.192 \times \sin 44° 29' 7.37''$
　　　$= 298.79 + 10.192 \times \sin 44° 29' 7.37''$
　　　$= 305.9318121 ≒ 305.93$

操作 298.79 [+] 10.192 [×] [sin] 44 [°'''] 29 [°'''] 7.37 [°'''] [=]

よって，$C_X = 316.94$，$C_Y = 305.93$　である。

(4) H点の座標値の算出

① 直線DHと直線EJの交点（＝H'点）の座標値の算出

　直線DHと直線EJの交点をH'点とおくと，H'点は直線EJ上の点であり，E点とJ点のY座標値は等しい（＝直線EJはX軸に平行）ので，H'点のY座標値はE点及びJ点のY座標値と等しい。また，E点からの距離が与えられているので，H'点の座標値は下記のとおり求められる。

$H'_X = E_X - 9.732$
　　　$= 326.52 - 9.732$
　　　$= 316.788$

操作 326.52 [−] 9.732 [=]

$H'_Y = E_Y = J_Y = 315.34$

② H点の座標値の算出

　H'点からH点の距離は問題に与えられている。また，H'点は直線DH上の点であるから，H'点からH点への方向角はD点からH点への方向角に等しく，これも問題に与えられている。

$H_X = H'_X + 6.836 \times \cos 120°$
　　　$= 316.788 + 6.836 \times \cos 120°$
　　　$= 313.37$

操作 316.788 [+] 6.836 [×] [cos] 120 [°'''] [=]

$H_Y = H'_Y + 6.836 \times \sin 120°$
　　$= 315.34 + 6.836 \times \sin 120°$
　　$= 321.2601497 ≒ 321.26$

操作 315.34 [+] 6.836 [×] [sin] 120 [°'"] [=]

よって，$H_X = 313.37$，$H_Y = 321.26$ である。

（5）K点の座標値の算出

問1 の解答として求められているのはC点及びH点の座標値のみであるが，**問2** 及び **問3** に解答するためには，K点の座標値についても算出しなくてはならない。K点の座標値はT2からの距離と方向角により求める。

① **T2からK点への方向角の算出**

　イ　T2からT3への方向角の算出

$$T2からT3への方向角 = \tan^{-1}\left(\frac{T3_Y - T2_Y}{T3_X - T2_X}\right)$$
$$= \tan^{-1}\left(\frac{333.78 - 306.99}{299.47 - 300.12}\right)$$
$$= -88° 36' 36.42''$$

操作 [SHIFT][tan][(] 333.78 [−] 306.99 [)] [÷] [(] 299.47 [−] 300.12 [)] [)] [=] [°'"]

△x：−，△y：+であるから第2象限の角度にするため，180°を加算する。

$-88° 36' 36.42'' + 180° = 91° 23' 23.58''$

操作 [(−)] 88 [°'"] 36 [°'"] 36.42 [°'"] [+] 180 [°'"] [=]

　ロ　T2からK点への方向角の算出

T2からK点への方向角 = T2からT3への方向角 + 観測角
　　　　　　　　　$= 91° 23' 23.58'' + 319° 7' 54''$
　　　　　　　　　$= 410° 31' 17.58''$（$= 50° 31' 17.58''$）

操作 91 [°'"] 23 [°'"] 23.58 [°'"] [+] 319 [°'"] 7 [°'"] 54 [°'"] [=]（[−] 360 [°'"] [=]　解：50° 31' 17.58''）

② K点の座標値の算出

$K_X = T2_X + 5.067 \times \cos 50° 31' 17.58''$
　　$= 300.12 + 5.067 \times \cos 50° 31' 17.58''$
　　$= 303.3415376 \fallingdotseq 303.34$

操作 300.12 [+] 5.067 [×] [cos] 50 [°'"] 31 [°'"] 17.58 [°'"] [=]

$K_Y = T2_Y + 5.067 \times \sin 50° 31' 17.58''$
　　$= 306.99 + 5.067 \times \sin 50° 31' 17.58''$
　　$= 310.9010337 \fallingdotseq 310.90$

操作 306.99 [+] 5.067 [×] [sin] 50 [°'"] 31 [°'"] 17.58 [°'"] [=]

よって，$K_X = 303.34$，$K_Y = 310.90$　である。

問2　C点，D点，H点，J点，K点，I点及びC点で囲まれた部分の面積の計算

解答

該当部分	113㎡

求積

点名	X座標	Y座標	$X_{n+1} - X_{n-1}$	$Y_n(X_{n+1} - X_{n-1})$
C	316.94	305.93	8.26	2526.9818
D	320.31	309.24	-3.57	-1103.9868
H	313.37	321.26	-17.13	-5503.1838
J	303.18	315.34	-10.03	-3162.8602
K	303.34	310.90	8.87	2757.6830
I	312.05	313.06	13.60	4257.6160
			倍面積	-227.7500
			面　積	113.8750
			地　積	113㎡

~第1段階：各段の（$X_{n+1} - X_{n-1}$）を算出する~
Cの段の（$X_{n+1} - X_{n-1}$）
320.31（D_X）[－] 312.05（I_X）[＝]　（解：8.26）
Dの段の（$X_{n+1} - X_{n-1}$）
313.37（H_X）[－] 316.94（C_X）[＝]　（解：-3.57）
Hの段の（$X_{n+1} - X_{n-1}$）
303.18（J_X）[－] 320.31（D_X）[＝]　（解：-17.13）
Jの段の（$X_{n+1} - X_{n-1}$）
303.34（K_X）[－] 313.37（H_X）[＝]　（解：-10.03）
Kの段の（$X_{n+1} - X_{n-1}$）
312.05（I_X）[－] 303.18（J_X）[＝]　（解：8.87）
Iの段の（$X_{n+1} - X_{n-1}$）
316.94（C_X）[－] 303.34（K_X）[＝]　（解：13.60）

~第2段階：各段のY_n（$X_{n+1} - X_{n-1}$）を算出する~
Cの段のY_n（$X_{n+1} - X_{n-1}$）
305.93（C_Y）[×] 8.26（Cの段の（$X_{n+1} - X_{n-1}$））[＝]
　（解：2526.9818→Aメモリーへ　[STO][(-)]）
Dの段のY_n（$X_{n+1} - X_{n-1}$）
309.24（D_Y）[×][(-)] 3.57（Dの段の（$X_{n+1} - X_{n-1}$））[＝]
　（解：-1103.9868→Bメモリーへ　[STO][｡,"]）
Hの段のY_n（$X_{n+1} - X_{n-1}$）
321.26（H_Y）[×][(-)] 17.13（Hの段の（$X_{n+1} - X_{n-1}$））[＝]
　（解：-5503.1838→Cメモリーへ　[STO][x^{-1}]）
Jの段のY_n（$X_{n+1} - X_{n-1}$）
315.34（J_Y）[×][(-)] 10.03（Jの段の（$X_{n+1} - X_{n-1}$））[＝]
　（解：-3162.8602→Dメモリーへ　[STO][sin]）
Kの段のY_n（$X_{n+1} - X_{n-1}$）
310.90（K_Y）[×] 8.87（Kの段の（$X_{n+1} - X_{n-1}$））[＝]
　（解：2757.6830→Eメモリーへ　[STO][cos]）
Iの段のY_n（$X_{n+1} - X_{n-1}$）
313.06（I_Y）[×] 13.60（Iの段の（$X_{n+1} - X_{n-1}$））[＝]
　（解：4257.6160→Fメモリーへ　[STO][tan]）

～第3段階：各段の$Y_n(X_{n+1} - X_{n-1})$を合計する～

[ALPHA] [(-)] (A) [+] [ALPHA] [°'"] (B) [+] [ALPHA] [x^{-1}] (C) [+] [ALPHA] [sin] (D) [+] [ALPHA] [cos] (E) [+] [ALPHA] [tan] (F) [=]　（解：-227.7500（倍面積））

～第4段階：第3段階で算出された倍面積を面積にする～
２２７．７５００（第3段階で算出された倍面積）[÷] ２ [=]
（解：113.8750）

問3　各筆界点間の距離
解答

単位：m

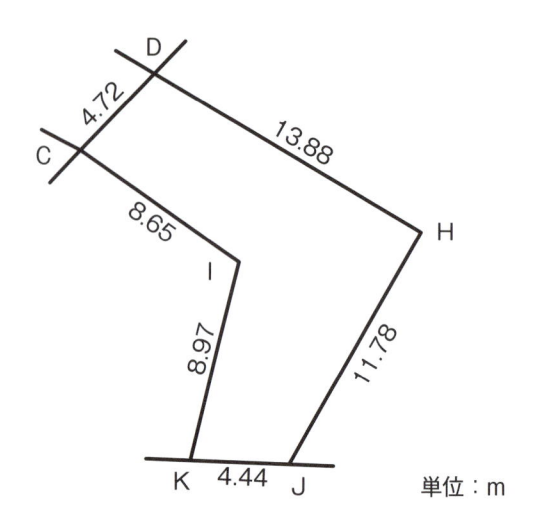

操作（CD間）：[√] [(] 316.94 [-] 320.31 [)] [x^2] [+] [(] 305.93 [-] 309.24 [)] [x^2] [)] [=]
（解：4.723663832）

操作（DH間）：[√] [(] 320.31 [-] 313.37 [)] [x^2] [+] [(] 309.24 [-] 321.26 [)] [x^2] [)] [=]
（解：13.87962536）

操作 (HJ間)：[√] [(] 313.37 [−] 303.18 [)] [x^2] [+] [(] 321.26 [−] 315.34 [)] [x^2] [)] [=]
（解：11.78484196）

操作 (JK間)：[√] [(] 303.18 [−] 303.34 [)] [x^2] [+] [(] 315.34 [−] 310.90 [)] [x^2] [)] [=]
（解：4.442881948）

操作 (KI間)：[√] [(] 303.34 [−] 312.05 [)] [x^2] [+] [(] 310.90 [−] 313.06 [)] [x^2] [)] [=]
（解：8.973834186）

操作 (IC間)：[√] [(] 312.05 [−] 316.94 [)] [x^2] [+] [(] 313.06 [−] 305.93 [)] [x^2] [)] [=]
（解：8.645750401）

巻末資料

平成25年度 第21問 カスタム問題

問1 土地家屋調査士法務太郎の測量成果からB点及びF点の座標値を算出しなさい。

問2 後添付〔調査素図〕中，B点，C点，D点，E点，F点及びB点で囲まれた（イ）部分の面積とA点，B点，F点，G点及びA点で囲まれた（ロ）部分の面積を算出しなさい。

問3 後添付〔調査素図〕中の各筆界点間の距離を算出しなさい。

(注) 1 座標値は，計算結果の小数点以下第3位を四捨五入し，小数点以下第2位までとすること。
　　2 測量の成果から求めた筆界点間の辺長につき，計算結果の小数点以下第3位を四捨五入した上，小数点以下第2位までとすること。
　　3 （イ）部分及び（ロ）部分の面積は，計算結果の小数点以下第3位を切り捨て，小数点以下第2位までとすること。

【資料／土地家屋調査士法務太郎の測量成果】
1　A市基準点であるA100からA102までを器械点として観測を行った結果により得られたデータは，（ア）から（ウ）までのとおりである。

（ア）A市基準点成果表

名称	X座標（m）	Y座標（m）
A100	137.06	159.96
A101	153.30	159.78
A102	153.81	182.84

（イ）観測データ

器械点	後視点	測点	水平角	平面距離（m）
A100	A101	E	省略	14.60
A101	A100	B	278°47′58″	11.76
A102	A101	C	省略	2.50

（ウ）測量によって得られた座標及び距離

名称	X座標（m）	Y座標（m）
A	151.43	162.08
D	139.19	181.35
G	139.19	162.08

名称	距離（m）
A～C	19.22
E～G	12.58

2 　測量及び調査の結果は次の〔調査素図〕のとおりである。

〔調査素図〕

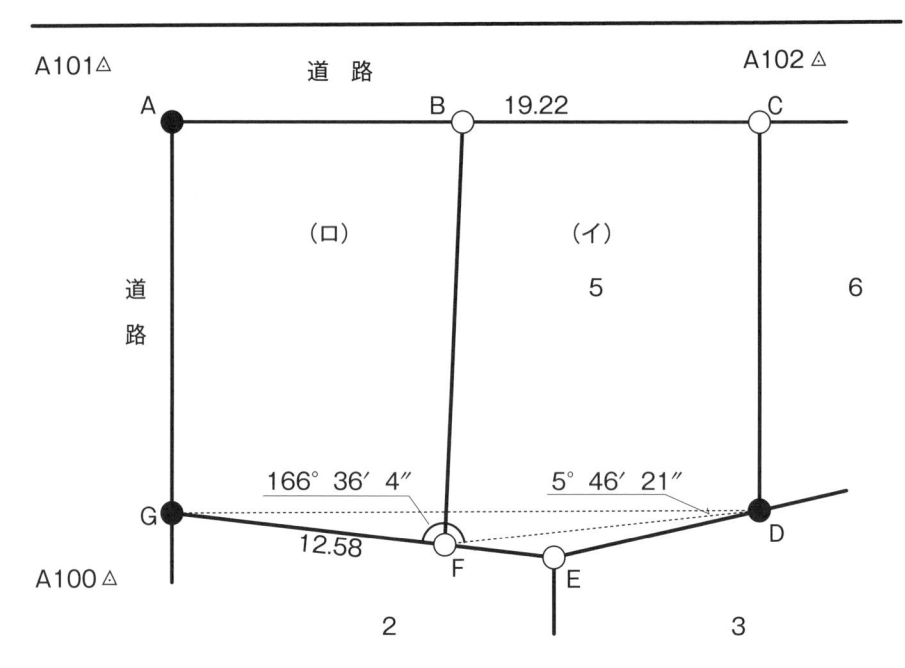

```
          N
          ↑

─────────────────────────────────────────────
  A101△         道　路              A102△
    A ●─────────B ○──19.22──○ C
      │         │              │
      │   (ロ)  │    (イ)      │
    道│         │              │
    路│         │     5         │ 6
      │         │              │
      │   166°36′4″      5°46′21″
    G ●┄┄┄┄┄┄┄┄┄○┄┄┄┄┄┄┄┄┄┄┄┄● D
      │  12.58  F   E ○
   A100△               
                2              3
```

（注）1 　A100，A101及びA102は，許容誤差内にあることを確認することができた。

　　 2 　B点はA点及びC点を結ぶ直線上の点であり，F点はE点及びG点を結ぶ直線上の点である。

　　 3 　G点，D点及びF点を結んだ夾角は5°46′21″であり，D点，F点及びG点を結んだ夾角は166°36′4″である。

　　 4 　A市基準点成果を用いて行う測量においては，距離に関する補正計算は行わないものとする。

> 平成25年度
> 第21問

カスタム解説

問1 B点及びF点の座標値の算出

解答

筆界点	X座標値 (m)	Y座標値 (m)
B点	151.63	171.42
F点	138.08	170.37

　全ての問に解答するためには，C点及びE点の座標値についても算出しなくてはならないので，併せて解説する。

(1) B点の座標値の算出
　B点の座標値はA101からの距離と方向角により求める。

① **A101からB点への方向角の算出**
　イ　A101からA100への方向角の算出

$$\text{A101からA100への方向角} = \tan^{-1}\left(\frac{A100_Y - A101_Y}{A100_X - A101_X}\right)$$

$$= \tan^{-1}\left(\frac{159.96 - 159.78}{137.06 - 153.30}\right)$$

$$= -0°\ 38'\ 6.09''$$

操作 ● SHIFT [tan] [(] 159.96 [−] 159.78 [)] [÷] [(] 137.06 [−] 153.30 [)] [)] [=] [°'"]

　⊿x：−，⊿y：＋であるから第2象限の角度にするため，180°を加算する。
-0° 38′ 6.09″＋180°＝179° 21′ 53.91″

操作 [(−)] 0 [°'"] 38 [°'"] 6.09 [°'"] [+] 180 [°'"] [=]

ロ　A101からB点への方向角の算出

A101からB点への方向角＝A101からA100への方向角＋観測角
$$= 179°\ 21'\ 53.91'' + 278°\ 47'\ 58''$$
$$= 458°\ 9'\ 51.91''\ (= 98°\ 9'\ 51.91'')$$

操作　179 °'" 21 °'" 53.91 °'" ＋ 278 °'" 47 °'" 58 °'" ＝ （ － 360 °'" ＝　解：98° 9′ 51.91″）

② B点の座標値の算出

$B_X = A101_X + 11.76 \times \cos 98°\ 9'\ 51.91''$
　　$= 153.30 + 11.76 \times \cos 98°\ 9'\ 51.91''$
　　$= 151.6299123 ≒ 151.63$

操作　153.30 ＋ 11.76 × cos 98 °'" 9 °'" 51.91 °'" ＝

$B_Y = A101_Y + 11.76 \times \sin 98°\ 9'\ 51.91''$
　　$= 159.78 + 11.76 \times \sin 98°\ 9'\ 51.91''$
　　$= 171.4208078 ≒ 171.42$

操作　159.78 ＋ 11.76 × sin 98 °'" 9 °'" 51.91 °'" ＝

以上から，
　$B_X = 151.63$，$B_Y = 171.42$　である。

(2) C点の座標値の算出

C点は，A〜Cを「19.22：B〜C」に外分する点であるから，その座標値は外分点計算の公式を用いて算出する。

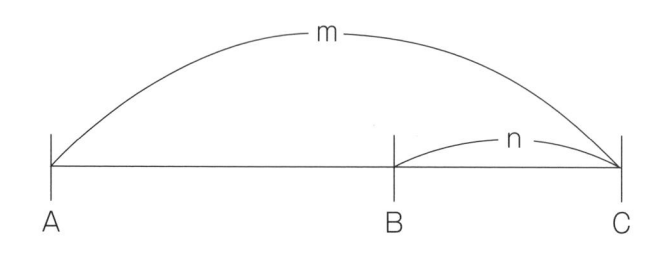

A点（A_X, A_Y）とB点（B_X, B_Y）を結ぶ直線ABを，m：nに外分するC点（C_X, C_Y）の座標値は下記の公式により求められる。

$$C_X = \frac{mB_X - nA_X}{m-n} \qquad C_Y = \frac{mB_Y - nA_Y}{m-n}$$

① B～Cの算出
　イ　A～Bの算出
　　　$A\sim B = \sqrt{(A_X - B_X)^2 + (A_Y - B_Y)^2}$
　　　　　　$= \sqrt{(151.43 - 151.63)^2 + (162.08 - 171.42)^2}$
　　　　　　$= 9.342141082$

操作 $\sqrt{\square}$ (151.43 − 151.63) x^2 + (162.08 − 171.42) x^2) =

　ロ　B～Cの算出
　　　B～C = 19.22 − 9.342141082
　　　　　　= 9.877858918

操作 19.22 − 9.342141082 =

② C点の座標値の算出

$$C_X = \frac{19.22 \times B_X - 9.877858918 \times A_X}{19.22 - 9.877858918}$$

$$= \frac{19.22 \times 151.63 - 9.877858918 \times 151.43}{19.22 - 9.877858918}$$

$$= 151.8414688 ≒ 151.84$$

操作 (19.22 × 151.63 − 9.877858918 × 151.43) ÷ (19.22 − 9.877858918) =

$$C_Y = \frac{19.22 \times B_Y - 9.877858918 \times A_Y}{19.22 - 9.877858918}$$

$$= \frac{19.22 \times 171.42 - 9.877858918 \times 162.08}{19.22 - 9.877858918}$$

$$= 181.2955951 ≒ 181.30$$

操作 〖（〗 19.22 〖×〗 171.42 〖−〗 9.877858918 〖×〗 162.08 〖）〗 〖÷〗 〖（〗 19.22 〖−〗 9.877858918 〖）〗 〖=〗

以上から,
　C_X=151.84, C_Y=181.30　である。

(3) F点の座標値の算出
　F点の座標値はG点からの距離と方向角により求める。

① **G〜Dの算出**
　G点とD点はX座標値が等しいので, G〜DはY座標差により求める。
　G〜D＝D_Y−G_Y＝181.35−162.08
　　　＝19.27

操作 181.35 〖−〗 162.08 〖=〗

② **G〜Fの算出**
　G〜Fは, 正弦定理を用いて求める。

$$\frac{G〜F}{\sin 5°46'21''} = \frac{19.27}{\sin 166°36'4''}$$

操作 19.27 〖÷〗 〖sin〗 166 〖°'"〗 36 〖°'"〗 4 〖°'"〗 〖）〗 〖×〗 〖sin〗 5 〖°'"〗 46 〖°'"〗 21 〖°'"〗 〖）〗 〖=〗

G〜F＝8.363876381

③ **∠DGFを求める**
　∠DGF＝180°−（166°36'4''＋5°46'21''）
　　　　＝7°37'35''

操作 180 〖°'"〗 〖−〗 〖（〗 166 〖°'"〗 36 〖°'"〗 4 〖°'"〗 〖+〗 5 〖°'"〗 46 〖°'"〗 21 〖°'"〗 〖）〗 〖=〗

④ **G点からF点への方向角を求める**
　G点からF点への方向角は, G点からD点への方向角に∠DGFを加えて

求める。

　G点とD点はX座標値が等しく，$G_Y<D_Y$であるから，G点からD点への方向角は90°である。

　G点からF点への方向角＝90°＋7°37′35″
　　　　　　　　　　　＝97°37′35″

操作 90 `°'″` `+` 7 `°'″` 37 `°'″` 35 `°'″` `=`

⑤　F点の座標値の算出
　　$F_X=G_X+8.363876381×\cos 97°37′35″$
　　　　$=139.19+8.363876381×\cos 97°37′35″$
　　　　$=138.0800057 ≒ 138.08$

操作 139.19 `+` 8.363876381 `×` `cos` 97 `°'″` 37 `°'″` 35 `°'″` `=`

　　$F_Y=G_Y+8.363876381×\sin 97°37′35″$
　　　　$=162.08+8.363876381×\sin 97°37′35″$
　　　　$=170.3698939 ≒ 170.37$

操作 162.08 `+` 8.363876381 `×` `sin` 97 `°'″` 37 `°'″` 35 `°'″` `=`

以上から，
　　$F_X=138.08$，$F_Y=170.37$　である。

(4) E点の座標値の算出

　E点の座標値はG点からの距離と方向角により求める。

　G点からの距離は問題に与えられている。また，F点はE点及びG点を結ぶ直線上の点であるから，G点からE点への方向角はG点からF点への方向角と等しい。

　　$E_X=G_X+12.58×\cos 97°37′35″$
　　　　$=139.19+12.58×\cos 97°37′35″$
　　　　$=137.5204717 ≒ 137.52$

操作 139.19 [+] 12.58 [×] [cos] 97 [°'"] 37 [°'"] 35 [°'"] [=]

$E_Y = G_Y + 12.58 \times \sin 97° 37' 35''$
　　$= 162.08 + 12.58 \times \sin 97° 37' 35''$
　　$= 174.5487239 ≒ 174.55$

操作 162.08 [+] 12.58 [×] [sin] 97 [°'"] 37 [°'"] 35 [°'"] [=]

以上から，
　$E_X = 137.52$，$E_Y = 174.55$　である。

問2 （イ）部分及び（ロ）部分の面積の計算
解答

（イ）部分	141.69㎡
（ロ）部分	113.90㎡

求積（イ）

筆界	X	Y	$X_{n+1} - X_{n-1}$	$Y_n (X_{n+1} - X_{n-1})$
B	151.63	171.42	13.76	2358.7392
C	151.84	181.30	-12.44	-2255.3720
D	139.19	181.35	-14.32	-2596.9320
E	137.52	174.55	-1.11	-193.7505
F	138.08	170.37	14.11	2403.9207
			倍面積	-283.3946
			面　積	141.69730
			地　積	141.69㎡

～第1段階：各段の（$X_{n+1} - X_{n-1}$）を算出する～
Bの段の（$X_{n+1} - X_{n-1}$）
151.84（C_X）[−] 138.08（F_X）[=]　（解：13.76）
Cの段の（$X_{n+1} - X_{n-1}$）
139.19（D_X）[−] 151.63（B_X）[=]　（解：-12.44）

Dの段の（$X_{n+1} - X_{n-1}$）
137.52（E_X）[−] **151.84**（C_X）[=]　（解：-14.32）
Eの段の（$X_{n+1} - X_{n-1}$）
138.08（F_X）[−] **139.19**（D_X）[=]　（解：-1.11）
Fの段の（$X_{n+1} - X_{n-1}$）
151.63（B_X）[−] **137.52**（E_X）[=]　（解：14.11）

～第2段階：各段のY_n（$X_{n+1} - X_{n-1}$）を算出する～
Bの段のY_n（$X_{n+1} - X_{n-1}$）
171.42（B_Y）[×] **13.76**（Bの段の（$X_{n+1} - X_{n-1}$））[=]
　（解：2358.7392→Aメモリーへ　[STO] [(−)]）
Cの段のY_n（$X_{n+1} - X_{n-1}$）
181.30（C_Y）[×] [(−)] **12.44**（Cの段の（$X_{n+1} - X_{n-1}$））[=]
　（解：-2255.3720→Bメモリーへ　[STO] [° ' "]）
Dの段のY_n（$X_{n+1} - X_{n-1}$）
181.35（D_Y）[×] [(−)] **14.32**（Dの段の（$X_{n+1} - X_{n-1}$））[=]
　（解：-2596.9320→Cメモリーへ　[STO] [x^{-1}]）
Eの段のY_n（$X_{n+1} - X_{n-1}$）
174.55（E_Y）[×] [(−)] **1.11**（Eの段の（$X_{n+1} - X_{n-1}$））[=]
　（解：-193.7505→Dメモリーへ　[STO] [sin]）
Fの段のY_n（$X_{n+1} - X_{n-1}$）
170.37（F_Y）[×] **14.11**（Fの段の（$X_{n+1} - X_{n-1}$））[=]
　（解：2403.9207→Eメモリーへ　[STO] [cos]）

～第3段階：各段のY_n（$X_{n+1} - X_{n-1}$）を合計する～
[ALPHA] [(−)]（A）[+] [ALPHA] [° ' "]（B）[+] [ALPHA] [x^{-1}]（C）[+] [ALPHA] [sin]（D）[+] [ALPHA]
[cos]（E）[=]　（解：-283.3946（倍面積））

～第4段階：第3段階で算出された倍面積を面積にする～
283.3946（第3段階で算出された倍面積）[÷] **2** [=]
　（解：141.69730）

求積（ロ）

点名	X座標	Y座標	$X_{n+1}-X_{n-1}$	$Y_n(X_{n+1}-X_{n-1})$
A	151.43	162.08	12.44	2016.2752
B	151.63	171.42	-13.35	-2288.4570
F	138.08	170.37	-12.44	-2119.4028
G	139.19	162.08	13.35	2163.7680
			倍面積	-227.8166
			面　積	113.90830
			地　積	113.90㎡

～第1段階：各段の（$X_{n+1}-X_{n-1}$）を算出する～

Aの段の（$X_{n+1}-X_{n-1}$）
151.63（B_X）[－] 139.19（G_X）[＝]　（解：12.44）

Bの段の（$X_{n+1}-X_{n-1}$）
138.08（F_X）[－] 151.43（A_X）[＝]　（解：-13.35）

Fの段の（$X_{n+1}-X_{n-1}$）
139.19（G_X）[－] 151.63（B_X）[＝]　（解：-12.44）

Gの段の（$X_{n+1}-X_{n-1}$）
151.43（A_X）[－] 138.08（F_X）[＝]　（解：13.35）

～第2段階：各段のY_n（$X_{n+1}-X_{n-1}$）を算出する～

Aの段のY_n（$X_{n+1}-X_{n-1}$）
162.08（A_Y）[×] 12.44（Aの段の（$X_{n+1}-X_{n-1}$））[＝]
　（解：2016.2752→Aメモリーへ　[STO][(-)]）

Bの段のY_n（$X_{n+1}-X_{n-1}$）
171.42（B_Y）[×][(-)] 13.35（Bの段の（$X_{n+1}-X_{n-1}$））[＝]
　（解：-2288.4570→Bメモリーへ　[STO][° ′ ″]）

Fの段のY_n（$X_{n+1}-X_{n-1}$）
170.37（F_Y）[×][(-)] 12.44（Fの段の（$X_{n+1}-X_{n-1}$））[＝]
　（解：-2119.4028→Cメモリーへ　[STO][x^{-1}]）

Gの段のY_n（$X_{n+1}-X_{n-1}$）
162.08（G_Y）[×] 13.35（Gの段の（$X_{n+1}-X_{n-1}$））[＝]
　（解：2163.7680→Dメモリーへ　[STO][sin]）

~第3段階：各段のY$_n$（X$_{n+1}$－X$_{n-1}$）を合計する~

● [(-)]（A）[+] ● [◦'"]（B）[+] ● [x^{-1}]（C）[+] ● [sin]（D）[=]

（解：-227.8166（倍面積））

~第4段階：第3段階で算出された倍面積を面積にする~

２２７．８１６６（第3段階で算出された倍面積）[÷] 2 [=]

（解：113.90830）

問3　各筆界点間の距離

解答

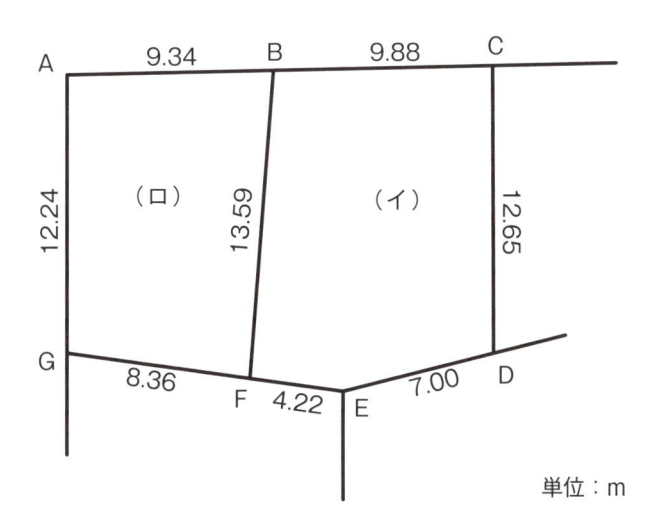

操作（BC間）：[√] [(] 151.63 [-] 151.84 [)] [x^2] [+] [(] 171.42 [-] 181.30 [)] [x^2] [)] [=]

（解：9.882231529）

操作（CD間）：[√] [(] 151.84 [-] 139.19 [)] [x^2] [+] [(] 181.30 [-] 181.35 [)] [x^2] [)] [=]

（解：12.65009881）

操作（DE間）：[√] [(] 139.19 [-] 137.52 [)] [x^2] [+] [(] 181.35 [-] 174.55 [)] [x^2] [)] [=]

（解：7.002063981）

操作 (EF間)：√(137.52 − 138.08) x^2 + (174.55 − 170.37) x^2) =
(解：4.217345136)

操作 (FB間)：√(138.08 − 151.63) x^2 + (170.37 − 171.42) x^2) =
(解：13.59062177)

操作 (AB間)：√(151.43 − 151.63) x^2 + (162.08 − 171.42) x^2) =
(解：9.342141082)

操作 (FG間)：√(138.08 − 139.19) x^2 + (170.37 − 162.08) x^2) =
(解：8.363982305)

操作 (GA間)：√(139.19 − 151.43) x^2 + (162.08 − 162.08) x^2) =
(解：12.24)

> さとみちゃん，やってみたらできちゃったよ！

> そうでしょ！　なんだって，やればできるのよ！

> ホントだね！　挑戦してみてよかったよ！

> よしゆきさん，なんだか少したくましくなったみたいね！
> この調子で調査士試験も頑張ってね！
> ずっと応援してるから！

> ………

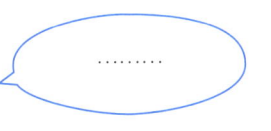

巻末資料 2　主要操作一覧

※盤面黄色文字表記及び赤色文字表記は記載を省略しています。

1. 電源を入れる・・・ ●ON
2. 電源を切る・・・ ●SHIFT AC
3. 表示形式を「ライン表示」にする・・・ ●SHIFT ●MENU SETUP [1][3]
4. 角度表示を「度数法（D）」にする・・・ ●SHIFT ●MENU SETUP [2][1]
5. 表示桁数を「フル桁」にする・・・ ●SHIFT ●MENU SETUP [3][3][2]
6. 設定をクリアして初期状態に戻す・・・ ●SHIFT [9][3][=] AC
7. 画面のコントラストを調整する・・・ ●SHIFT ●MENU SETUP [▲][4][◀] 又は [◀] AC
8. 入力モードを「上書きモード」にする・・・ ●SHIFT DEL
9. 入力モードを「挿入モード」にする・・・ ●SHIFT DEL
10. 逆三角関数の入力・・・ ●SHIFT sin , ●SHIFT cos , ●SHIFT tan
11. 数値のメモリー格納・・・ [数値] STO 各メモリーの対応キー
12. 特定のメモリーを消去する・・・ [0] STO 各メモリーの対応キー
13. 全メモリーを消去する・・・ ●SHIFT [9][2][=] AC
14. 格納されているメモリーの確認・・・ ●SHIFT STO
15. 特定のメモリーの呼び出し・・・ ●ALPHA 各メモリーの対応キー [=]
16. Rec変換・・・ ●SHIFT [−] [距離] ●SHIFT [)] [角度] [°'"] [)] [=]
17. Pol変換・・・ ●SHIFT [+] [2点間の⊿X] ●SHIFT [)] [2点間の⊿Y] [)] [=]
18. 小数点以下第3位を四捨五入し第2位までを表示する
　　・・・ ●SHIFT ●MENU SETUP [3][1][2]
19. 連立方程式モードへの移行・・・ ●MENU SETUP [(−)][1][2]
20. 表計算モードへの移行・・・ ●MENU SETUP [8]
21. 通常モードへの移行・・・ ●MENU SETUP [1]
22. 表計算モードにおける各種数式の入力・・・ ●ALPHA CALC 各種数式
23. 表計算モードにおけるすべてのデータの削除・・・ OPTN [▼][3]
24. 表計算モードにおけるセルの内容のコピーと貼り付け
　　・・・ OPTN [▼][2]（貼り付け [=]）
25. 表計算モードにおけるエディットボックス表示設定を「値」にする
　　・・・ ●SHIFT ●MENU SETUP [▼][4][2][2]
26. 表計算モードにおけるエディットボックス表示設定を「数式」にする
　　・・・ ●SHIFT ●MENU SETUP [▼][4][2][1]

土地家屋調査士への最短ルート →

講師 齊木 公一 さいき こういち
日建学院土地家屋調査士講座総合プロデューサー。

略歴 土地家屋調査士業界歴約20年以上にわたる実務経験を活かした教材制作・講義・講座プロデュースを行っている。従来土地家屋調査士受験界に存在していなかった中級カテゴリを作り出すなど、新規講座の監修多数。

日建学院の映像講義には、精鋭講師によるポイントを押さえた解説はもちろん、CGやアニメーション、実写映像などが効果的に盛り込まれています。最新の映像技術を駆使し、複雑で難易度の高い内容が理解しやすいようにさまざまな工夫が凝らされており、その学習効果は、科学的にも実証されています。土地家屋調査士の試験学習にも、映像講義が適している様々な理由があります。

土地家屋調査士受験用の講義に、日建学院の**映像講義**が適している理由

理由その 1
調査士試験には、定規・電卓の操作説明が必要だから。

初学者が不安を覚える定規・電卓の操作。テキストや言葉だけでは説明しきれないニュアンスも CG で一発理解!

理由その 2
法律の学習は、原則・例外・趣旨の整理が必要だから。

法律の学習についてまわる原則・例外・趣旨の無限ループ。重要論点になればなるほど、明確な整理が必要です。これらを色分けして表現することにより、明解な整理が可能となります。

理由その 3
書式の学習は「事件の概要」の把握が必要だから。

書式の解答は、問題に設定されている事件の概要を瞬時かつ正確に把握することからはじまります。したがって、事件の概要を時系列に整理できるようになっていなければなりません。テキストのようにはじめから「結果」の全てが表示された状態での説明では、時系列的整理をしていくための能力が養われません。その点、CG を利用している映像講義では、時系列に建物が建築されたり、移動したり、滅失されたりするので、時系列整理能力の養成が可能となっているのです。

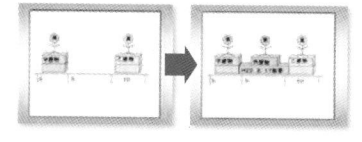

理由その 4
「座標計算」のためのビジュアル理解が必要だから。

大半の受験生が苦手とする「座標計算」。克服するには、コツがあるのです。座標計算のためには、狭い範囲の中に存在する複数の図形を明確にしたり、補助線を引いたりする必要があります。これらを言葉で説明していくことは容易なことではありません。しかし、CG を用いることで、脳に直撃する講義が可能となりました。

▶合格へ届く！日建学院の革新的講義

顧客満足度97％！！　土地家屋調査士講座受講生アンケート結果

当学院の土地家屋調査士講座（本科コース、答練コース）を受講された受講生の修了アンケートです。

全体を通じての満足度はいかがでしたか。
満足…… 97％　　不満足…… 3％

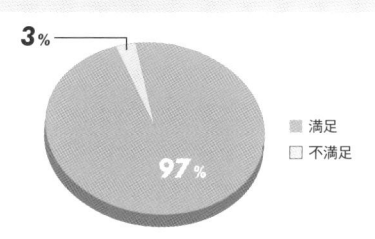

- 97％ 満足
- 3％ 不満足

> 試験に合格するために必要な基礎学力がわかりました。
> 合格するための知識である調査士実務家としての思考の習得にもなる

> 復習があったのがとても良かったです。
> 荒木先生が丁寧に教えて下さったからです。

答案練習問題（答練講義）の難易度はいかがでしたか。
難しい…… 24％　　適正…… 75％　　易しい…… 1％

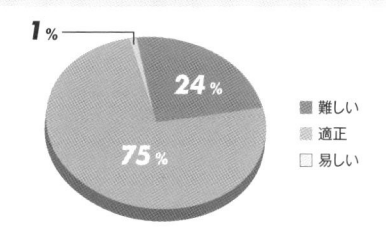

- 24％ 難しい
- 75％ 適正
- 1％ 易しい

> 出題パターンごとの解法を知るために何度もよく類似した問題に取り組んでいくのが気付きが多くあっていいと思います。

> 許せてしゃろん、マニアックな問題でなく、講座を押さえた内容で良い。

> 例の引き慣れた答練、受けましたが、日曜さんか一番本試験内容を踏まえての知用問題の色・解答順序等も論義されいいと思います。

> 新しく6回は、担当同じ7～12回目不思議な本番出題の計算ツールと趣旨を踏まえての名称だったので、大丈夫でした。

映像での講義はいかがでしたか。
大変良かった… 31％　　良かった… 66％　　良くなかった… 3％

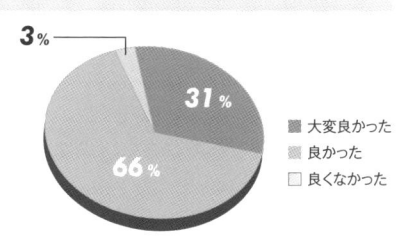

- 31％ 大変良かった
- 66％ 良かった
- 3％ 良くなかった

良かった方はどこが良かったですか。（複数回答可）
- 1位　図解を用いた説明で記憶に残った ……………… 44名
- 2位　自分で問題を解く際にもイメージが立てやすかった … 37名
- 3位　座標算出の手順や考え方が良く理解できた ……… 22名

> 図解の方法が良くわかるだけでなく、記憶にも理解度が深まった。

> 実際の業務の流れで、例えば作業に良かった、角度点のパターンまとめも☺

> Nメソッドが記憶に残りました。

> 説明がわかりやすい。（講師が大変いいと思う）

体験講義のご案内

日建学院土地家屋調査士ホームページでは、映像講義体験版を配信しています。
『眺めているだけで理解できた』、『試験中に講義で見た映像が浮かんできた』、『とにかく記憶に残った』と受講された方からの評価も高い映像講義。ぜひ一度日建学院の映像講義をご体験ください。

映像講義体験版は、コチラから！

2大「合格」記録が『証』驚異の実績!

齊木講師「調査士講座」の魅力

あきらめない当たり前の
コツコツが一番大事

記述式最高点
土地家屋調査士 合格
大野 利博

Successful Candidate
合格者の声 01

「得点47.0点／50点満点」

資格取得に興味はありながら、「超難関」を理由にズルズルと先延ばしにしていたんです。けれどあるとき、不動産業に携わる自分が知らなければいけないことをお客様に教えられ、悔しくて受験を決意しました。最初は独学でめざし、3回の失敗。もうモチベーションを保てない。今度こそ絶対と決意して日建学院に通学しました。必要なことがぐいぐい頭に入ってくる映像講義、これさえやれば大丈夫と確信できる教材…「お金がもったいないと思っていた独学期間の、時間と労力のほうがもったいなかった！」と痛感。受講した年に、ついに念願の合格を果たしました。

仕事をしながらの勉強は本当にきついです。毎日が睡魔や怠け心との戦いです。だからこそ、自分の学習法を信じて集中できる学習環境が必要だと思います。あきらめなければ必ず合格できる。4回受験の私がいうのですから間違いありません。

Successful Candidate
合格者の声 02

「若さ光る21歳」

祖父も父も調査士だったので、いずれは跡を継ぎたいと思っていました。しかしふたりが相次いで亡くなったため、一刻も早く調査士の資格を取って家族を安心させたいと思い、日建学院へ。試験について「わからないことしかない」自分が、効率的な学習方法や合格するためのテクニックを知るためには、まず学校に通うのが一番だと思ったからです。

勉強をはじめてみたら難しくて、合格なんて永遠に無理なんじゃないかと（笑）。とにかく指導通り、地道にテキストを読み、過去問を解き、映像講義を受ける。最初は「パソコンで動画を観るの？」と驚きましたが、ときにはギャグを交えながら、わかりやすく講義してくれる、豊富な図解やCGに救われました。成績が伸びはじめたのは試験直前。1回で合格できたのは正直驚きですが、この資格を活かして祖父や父に負けない立派な調査士をめざします。

やるべきことがわかる、できる
突き進める環境が勝利の決め手

21歳にして合格
土地家屋調査士 合格
戸田 泰智

受験生を応援！
日建学院のWebコンテンツ「合格への道」

登記制度を支える土地家屋調査士を目指す受験生を応援します。
一日も早く合格し、登記の世界へ羽ばたいてください！

▶ 佐藤まり江の土地家屋調査士Webガイダンス

これから土地家屋調査士を目指す方や土地家屋調査士に興味を持たれた方のためのガイダンスです。

出演　佐藤まり江、齊木公一
第1回　土地家屋調査士ってどんな人？
第2回　土地家屋調査士試験とは？
第3回　試験の攻略法と予備校の選び方
第4回　日建学院土地家屋調査士講座の特徴

▶ 合格アイテムプレゼント

「筆記試験　総評＆書式問題模範解答」本試験問題に対する日建学院の模範解答をプレゼント。本試験の振り返りなどにご利用ください。

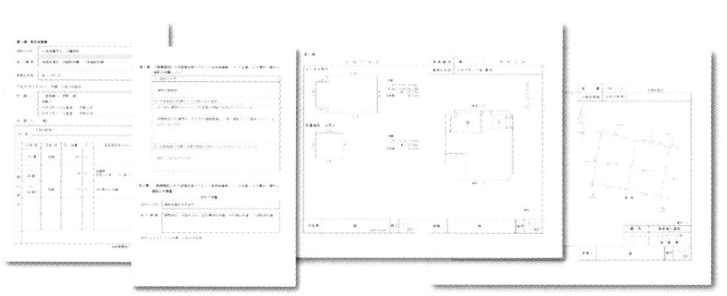

※模範解答は日建学院の独自見解です。
※プレゼント内容は年度や時期により異なる場合があります。
※ホームページでご確認をお願いいたします。

▶ 試験情報の掲載

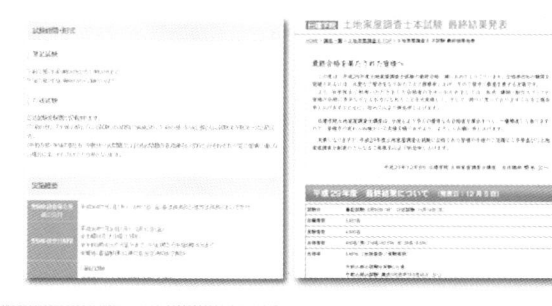

試験の日程や試験概要をまとめた「資格・試験ガイド」や、本試験の結果をお知らせする「筆記試験結果発表」「最終結果発表」を掲載しています。
ぜひご利用ください。

土地家屋調査士「合格への道」は、コチラから！▶ ▶ ▶

【正誤等に関するお問合せについて】

本書の記載内容に万一、誤り等が疑われる箇所がございましたら、**郵送・FAX・メール等の書面**にて以下の連絡先までお問合せください。その際には、お問合せされる方のお名前・連絡先等を必ず明記してください。また、お問合せの受付け後、回答には時間を要しますので、あらかじめご了承いただきますよう、お願い申し上げます。

なお、正誤等に関するお問合せ以外のご質問、受験指導および相談等はお受けできません。そのようなお問合せにはご回答いたしかねますので、あらかじめご了承ください。

お電話によるお問合せは，お受けできません。

[郵送先]
〒171-0014 東京都豊島区池袋2-38-1 日建学院ビル 3F
建築資料研究社 出版部
「土地家屋調査士試験 関数電卓必勝活用術」正誤問合せ係

[FAX]
03-3987-3256

[メールアドレス]
publicat@to.ksknet.co.jp

【本書の法改正・正誤等について】

本書の発行後に発生しました法改正・正誤等についての情報は、下記ホームページ内でご覧いただけます。

なおホームページへの掲載は、対象試験終了時ないし、本書の改訂版が発行されるまでとなりますので予めご了承ください。

https://www.kskpub.com/ ➡ 訂正・追録

＊装　　丁／鈴木　弘（株式会社ビーエスエル）
＊イラスト／株式会社アット
　　　　　（イラスト工房 http://www.illust-factory.com）

土地家屋調査士試験 関数電卓必勝活用術

2016年10月 5日　初版第1刷発行
2022年12月20日　　　 第3刷発行

編　著　日建学院
監　修　齊木 公一
発行人　馬場 栄一
発行所　株式会社建築資料研究社
　　　　〒171-0014　東京都豊島区池袋2-38-1
　　　　日建学院ビル 3F
　　　　TEL：03-3986-3239
　　　　FAX：03-3987-3256
印刷所　株式会社ワコー

Ⓒ建築資料研究社 2016　　　ISBN978-4-86358-436-5 C0032
〈禁・無断転載〉